《晋江地情丛书》编辑室

主　　编：蔡斯坤

副主编：洪春婷　　颜清堤

编　　辑：高红红　　尤春晓　　林荣国　　洪逢春

　　　　　朱海林　　张婉萍　　刘吉山　　林惠娇

　　　　　赖安安　　许泽波

编　　务：吴安玲　　翁丽程　　黄淦楠　　张加丽

　　　　　许海峰　　王泓毅

福林記憶

洪国泰 著

晋江地情丛书

中共晋江市委党史和地方志研究室 编

厦门大学出版社
XIAMEN UNIVERSITY PRESS

国家一级出版社
全国百佳图书出版单位

图书在版编目（CIP）数据

福林记忆 / 洪国泰著. -- 厦门：厦门大学出版社，
2023.7
（晋江地情丛书）
ISBN 978-7-5615-9014-0

Ⅰ．①福… Ⅱ．①洪… Ⅲ．①村史-研究-晋江
Ⅳ．①K295.75

中国版本图书馆CIP数据核字(2023)第103204号

出 版 人　郑文礼
责任编辑　章木良
封面设计　蒋卓群
美术编辑　张雨秋
技术编辑　朱　楷

出版发行　厦门大学出版社
社　　址　厦门市软件园二期望海路39号
邮政编码　361008
总　　机　0592-2181111　0592-2181406(传真)
营销中心　0592-2184458　0592-2181365
网　　址　http://www.xmupress.com
邮　　箱　xmup@xmupress.com
印　　刷　泉州市精彩数字印刷有限公司

开本　720 mm×1 000 mm　1/16
印张　16.5
插页　10
字数　220 千字
版次　2023 年 7 月第 1 版
印次　2023 年 7 月第 1 次印刷
定价　72.00 元

本书如有印装质量问题请直接寄承印厂调换

厦门大学出版社
微信二维码

厦门大学出版社
微博二维码

绿野山房楹联（清咸丰·何绍基书法）

福林
记忆

檀林乡福林寺念佛会摄影（前排左五为弘一法师）

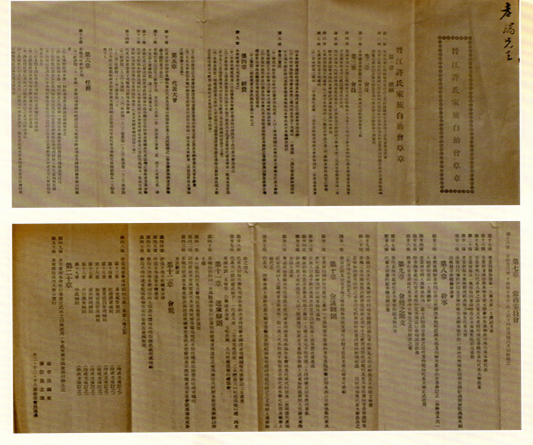

《晋江许氏家族自治会草章》（民国）

许氏宗祠（20世纪七八十年代）

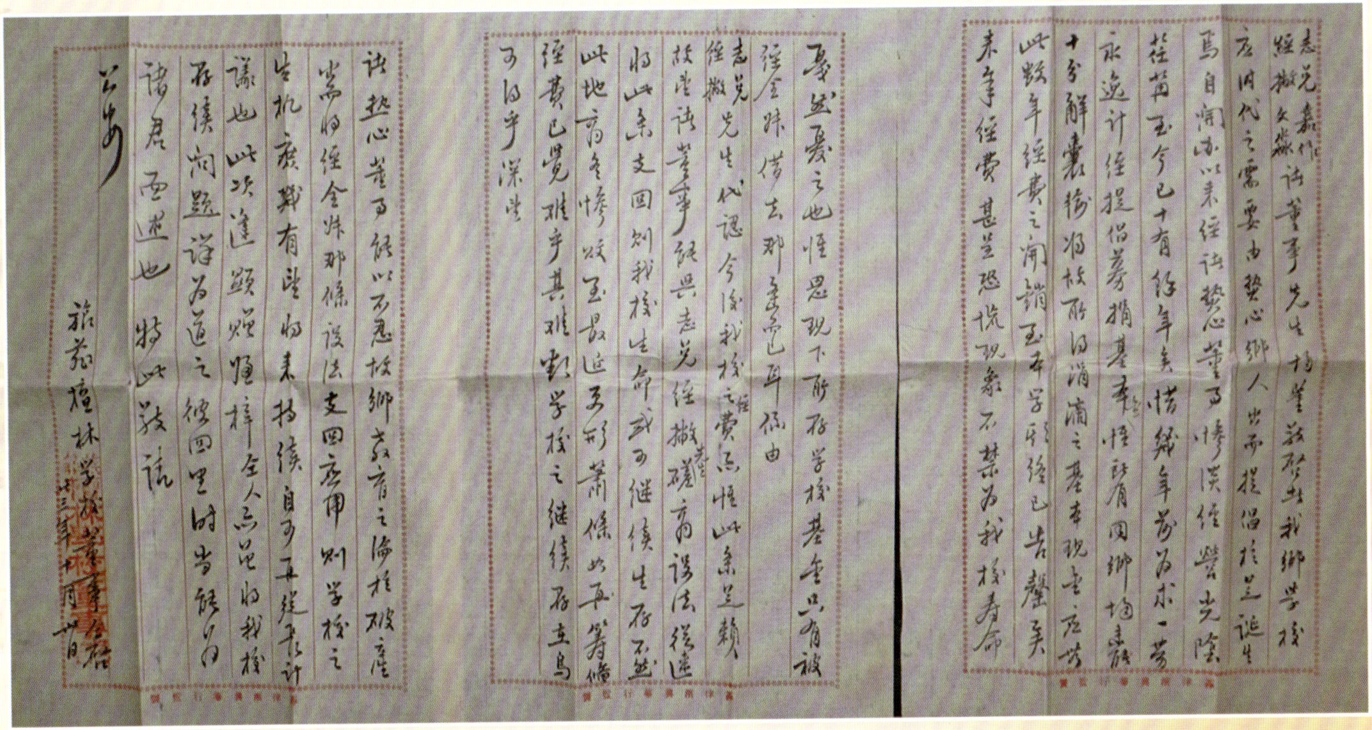

旅菲檀林学校校董会致诸董事的信件（1934 年）

檀声学校原校长许游泳与学生（1979 年）

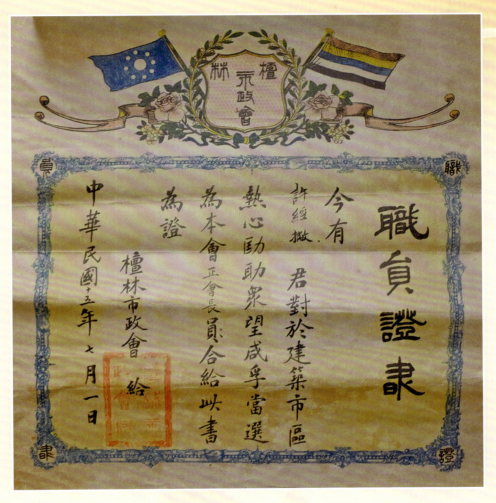

檀林市政会当选会长证书（1926年）

许友超致檀林市政会信函（民国）

福林宴会（20世纪80年代）

福林
记忆

许经撒出殡仪式（1955年）

公元一九五五年四月十四日刘福摧侨乔公许殡出仪式摄影留念务委参题

民国时期菲律宾泉庆烟厂（许志长产业）游行花车

序 言

洪辉煌

　　我与国泰是晋江英林同乡，他西埔我英林，两村早已连成一片，不过我们相互却是生分，工作生活都不曾有交集。刚刚读完国泰送来的书稿，掩卷沉思，忽然又觉得，彼此间心灵的距离其实很近。

　　国泰 2000 年从山东科技大学毕业，即进入龙湖镇政府。2012 年担任福林工作点点长，2013 年兼任福林村下村干部，从此心便拴在了福林。他深度参与传统村落保护工作，见证了福林从"杂草丛生、破败不堪"的籍籍无名的山村，一跃进入中国传统村落和历史文化名村行列，成为"省级乡村治理试点示范村""省级乡村振兴实绩突出村"。他连业余时间也是交给福林，一头扎入尘封的故纸堆，为福林的乡愁记忆穷搜力寻、钩沉拾遗，于是有了放在我们面前的这本《福林记忆》。

　　国泰爱福林，甚至到了有点偏执的地步。他说过一句很容易引起争议的话："我参观过几个传统村落，与之相比，它们如同贫民区，福林简直是华尔街。"正如大文豪郭沫若也曾说过："桂林山水甲天下，不如武夷一小丘。"没错，福林传统村落文化积淀非常深厚，古村、古街、古寺、古书院、古民居，样样都是很有得说的存在，还有被称为"侨乡中的侨乡"的华侨文化，更有弘一法师留下的深刻足迹。所有这些都使他受到震撼，心生敬畏并激发出责无旁贷的担当意识。因此，为了"银檀林"的科学保护和全面振兴，他费尽心思，东奔西忙，且一直乐此不疲，甘之如

序言

001

馅。他回顾说："尤其是 2017 年开始，差不多每天我都腻在福林村里，有事没事，就在村中的老房子里瞎转悠。"这种心境，只有经历过的人才能体会和理解。

国泰是一个"理工男"，在满是飞仙飞鹤的晋江文史界，要取得自己的立足之地，没有攻坚克难、挑战自我的决心和毅力是做不到的。然而，国泰做到了，《福林记忆》便是明证。

国泰研究地方史，不为炫耀摆谱，而是出于热爱和现实的需要。《福林记忆》全书分 7 辑。"筑梦福林"倾吐作者伴随着福林传统村落保护之卓有成效的心路历程，乡镇基层干部的劳碌辛苦也尽在其中。"古村探幽"介绍福林村概况，讲述"五古"的来龙去脉。"弘一因缘"梳理弘一法师驻锡福林的活动情形，对"缘断福林"提出个人见解。"史海钩沉"主要就新发现的史料做探究读解。"遗址撷拾"对废弃、泯没的公共设施和古民居寻根追踪。"乡建絮语"是对实施传统村落保护和乡村振兴战略的建言献策。"龙湖采璞"是对其他乡村的个案研究。从整体上看，《福林记忆》建立了属于国泰个人标识的福林传统村落档案，记录了福林传统村落发展的历史脉络和乡愁故事，保留了许多弥足珍贵的老照片，让福林的物质文化和非物质文化遗产有了基本的清单，为今后福林传统村落保护规范的提升提供了依据和参考。

国泰现已转岗，就职于晋江市社科联。《福林记忆》是他工作生活的阶段性总结，也预示着新的开始。国泰是通透人，"但行好事，莫问前程"，相信今后定能听到他讲述更多的福林故事、晋江故事。

权为序。

（序者系泉州师范学院原党委书记、泉州市人大常委会原副主任，研究员，中国作家协会会员。）

目录

筑 梦 福 林

古 村 探 幽

弘 一 因 缘

史 海 钩 沉

遗 址 撷 拾

乡 建 絮 语

龙 湖 采 璞

目
录

附　录

筑夢福林

缘来福林

——"我的乌托邦，我的古村梦"系列（一）

一直想写下这段经历，多次动笔，却又搁下，现在起个头，何时结束，都是未知，也不知道我在这条路上能走多远……

如果某一天我要离开了，心中总会有不舍。但是，只要我在福林一天时间，就会用一天的努力继续把事情做好。

——题记

从 2000 年 12 月 31 日来龙湖镇报到开始，中间 2010 年曾抽调到梅岭组团"安征迁"一段时间外，工作期间就没有离开过龙湖。这十多年里，一日复一日，庸庸碌碌，时不时还梦想着有一天"飞龙在天"，终究是痴人说梦。十多年过去了，锐气没了，虽"绝无县衙大人眼中滑头，更非黎民口中之恶吏"，但武功尽废，术业专攻毫无建树。有一年忽听他人提及按惯例 2016 年或 2017 年可能会实施交流轮岗的人事调动计划，到那时我得从龙湖镇离开，恍然间我才开始思考，十多年了我在这里干了些什么？留下了些什么？我前面的路又在何方？

先说说福林吧。很多人都不知道福林在哪，甚至很多龙湖人也是如此。福林村是个行政村，包括檀林村和粘厝埔村。福林古村指的是檀林村。檀林广为人知，说起福林村反而经常让人找不到北。2012 年，我因工

筑梦福林

福林寺（陈谋演/摄）

弘一法师与石狮施东亚照相馆
施至伟留影于福林寺

作调整成为福林工作点的点长。虽然工作伊始来回福林几十趟，但自2013年因工作点的同事黄杰阳岗位调整，我兼任了石厦村和福林村的下村干部，才得以认真地接触福林这片土地。

福林村名得自福林寺。福林寺大门有源自清朝时期的匾额"福林古地"。福林寺因弘一法师两次来此驻锡而闻名，这里有弘一法师的石刻墨宝：右侧花园门匾"清凉园"，楹联"福德因缘一一殊胜，林园花木欣欣向荣"；寺左护厝门匾"离垢地"，楹联"胜福无边岂唯人天福，檀林安立是谓功德林"。楹联中蕴含了"福林""檀林",足见大师之智慧。我不知道自己从何时开始结下了与弘一法师的缘分。恰恰我的手机铃声多年来一直为李叔同（弘一法师俗名）的《送别》，从成为福林下村干部伊始，弘一法师像个烙印一样一直在我的脑海里萦绕，我不知不觉地留意起他在此地的印记与传奇，心中开始酝酿建设弘一法师纪念馆（弘一堂）的念头，当然这是后话了。

　　记得第一次独自在福林村里游荡时，我踏入一座杂草丛生、破败不堪的老房子里，那斑斑驳驳的墙壁还残留着20世纪六七十年代的标语，轻轻撬落白灰层，竟能找到清咸丰年间的字迹，甚至图案。后来我才知道所闯入的是建于1855年的乡村私塾——绿野山房。这可能是本地区现存的古私塾中面积最大的一间。福林村还有一间建于1890年的私塾，是乡富绅许志长的养兰山馆。一个闽南乡村还保存有两个古私塾遗址，这是很难得的。那一年我写下了这首《福林古地》：

福林寺楹联拓片

　　　　古街古寺老侨房，交集悲欣弘一堂。

　　　　绿野养兰遇熟客，不逢旧日读书郎。

　　诗中的"老侨房"指番仔楼，"交集悲欣"指弘一法师的遗言"悲欣交集"，"绿野养兰"即指这两个古私塾。

　　这首诗竟被来此参观的新加坡国立大学的三个研究生引为学期视频作品片尾语，我心中不禁有小小的窃喜。

　　福林村有很多优秀的历史风貌建筑，它们的主人大都是漂洋过海的华

修复前的绿野山房（洪国泰/摄）

绿野山房楹联（洪国泰/摄）

侨。福林的华侨很多，下南洋的风气不知始于何年，比较出名的是近现代的许逊沁和曾任菲律宾中华总商会副会长的许友超。前者于1850年从菲岛回乡，富甲一方，一夜十八栋大厝同时动土兴建，轰动泉州。移溪、修祠、复庙，当年投身公益者难出其右。后者还曾任旅菲华侨组织的国难后援会副主席，在"福建事变"中出任厦门市首任市长，与蔡廷锴成就一番"为国义务"之传奇佳话。

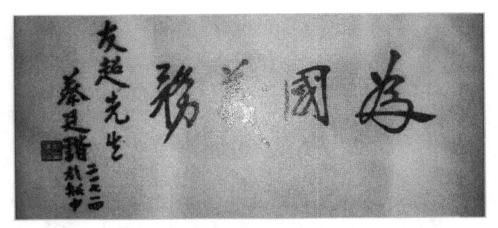

蔡廷锴赠予许友超题字"为国义务"（洪国泰/摄）

福林村这些建于清末民初的番仔楼，如端园、许逊沁故居（俗称"下大厝"）、春晖楼、崇德楼、书投楼等，无不代表着当时的风华。晋江各地还保存着很多番仔楼，不过数量和规模保存如此完好的，为数不多矣。我参观过几个传统村落，与之相比，它们如同贫民区，福林简直是华尔街。著名的有94间店铺构成的街区建筑群——通安街，与同时期的衙口四房街闻名于晋南（与它们相比，龙湖中山街是"后辈"），民间流传有"银檀林"之美誉。

这里的老房子饱经岁月摧残，有的随时可能塌下来，成了危房，是安全隐患。特别是通安街，大都破败了，这些老屋今后该何去何从？

我很幸运，结识了福林村老年协会会长许金矿。这位年过六旬的老先生经营着一家体育用品公司，但他对摄影、诗文，甚至"美图"、"美篇"、微信公众号运营，样样拿手，就连福林寺法会他也经常亲自上阵解读佛经。他创作的"美篇"作品《乡愁檀林》，不到一周的时间，竟有近四万的点击量。我开玩笑地送他一个外号——"老妖"。这位福林土著和我一样，也有浓厚的怀旧情怀。福林古村保护，他是主要倡导者之一，我因他而不寂寞。村支书及村主任两人近几年也在探讨琢磨福林的发展之路，

通安街古街巷 （苏素华/摄）

感谢他们这几年来对我们的建议予以大力的支持和践行。

　　福林接待了形形色色的访客，来了都说老房子好，要保护。可是该如何保护呢？是拆，是建，还是修？更何况哪来的保护资金？又该由谁来保护？那一段时间，我们很无助，都在犯愁。

　　时来运转。2014年我遇到两个人，一个是住建部来晋江挂职副市长的张强先生。有一天他和同事李江南来福林村调研，在村子里认真走了一圈之后，称赞房子很有特色，要保护起来，福林村可以申报传统村落。我们才知道有这么一个项目，"一语道破梦中人"，福林村走传统村落保护这条路，可以说是他点拨的。

　　另外一个是华侨大学的教授许瑞安先生。和他之间纯粹是偶遇，那一次，他和朋友、同事一行4人来福林游览，在村中指点。有村民说来了几个"异样"的人，我和许会长赶了过去，才认识了这位知名人物。这位许老教授是福全人，交谈中他滔滔不绝，对福林的情况如数家珍，让我们颇

春晖楼 (洪国泰/摄)

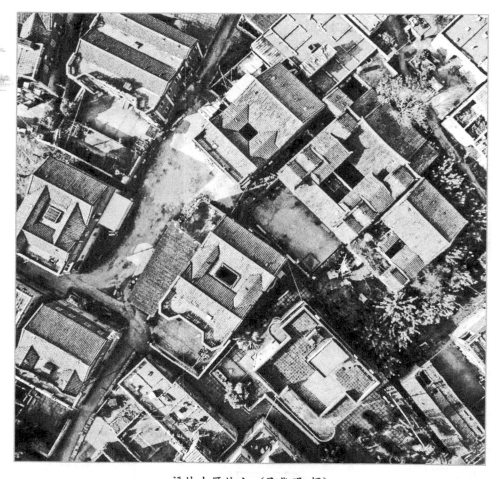

福林古厝林立（吴华明/摄）

为惊喜。他向我们介绍了当年福全村申报中国历史文化名村的过程，主动请缨担任福林古村保护的顾问。许老教授的热情，让我们意识到原来福林并不是"藏在深山无人识"。

那一年，在晋江市住建局的推荐下，我们申报了福建省首批传统村落，后来陆续申报了福建省历史文化名村、中国传统村落，并于2016年获批，2016年底又申报了中国历史文化名村。

2017年7月15日

福林之路

——"我的乌托邦，我的古村梦"系列（二）

　　2013 年兼任福林村的下村干部后，我才开始关注这片古地，可惜当时主要精力投入于晋江时尚园征地项目当中，因自己能力有限，在众多工作中不懂得科学筹划，有点"乱弹琴"，结果弄得焦头烂额。2015 年 3 月，因工作调整，我被调到杭边点担任点长。一时之间，福林要离我远去了，古村保护工作跟我没有关系了。"革命尚未成功"，同志却必须离去，这其中有万般无奈。我曾经的搭档领导兼好友吴永发副镇长安慰我说："大可不必担心，以后有的是机会。"

　　"不在其位，不谋其政。"我没有由头再去插手古村保护工作了，但是我并没有死心，经常私下跑到福林许金矿会长家，和他交流古村保护事宜。这种状况延续了一段时间。某天，转任镇纪委书记兼管组织工作的吴永发找我谈话，说："你既然这么关心古村落，那么你就负责古村落。你对我负责，我对主官负责。"我如获至宝，像是拿了尚方宝剑，以后就可以大大方方地参与福林古村保护工作的有关事宜了。福林的村主干和许金矿会长闻讯后表示很欢迎，让我十分欣慰。

　　2016 年 8 月 1 日，经过不懈努力，我如愿以偿地回到福林村，去当一个普普通通的下村干部。这是我参与福林古村保护工作中出现的一段插曲。

筑梦福林

福林古村一角 （吴华明/摄）

泰山二起楼 （洪国泰/摄）

古村保护与发展有模式可循吗？哪里的模式可以让福林借鉴？五店市在晋江乃至全国已经成为经典模板了，但有可复制性吗？听说在五店市街区保护建设上，晋江市政府花了不少钱，数以亿计，我可不敢奢望。福林靠山无山，靠水没水，路在何方？

2015年10月底，我回到母校山东科技大学，在大学同学薄老大和韩老六的专程陪同下，奔忙了两整天，特意去参观泰山脚下的两个古村落：春天里峪和二起楼。二起楼十室九空，人烟寥寥，荒村一个，不禁让我联想到电视剧《篱笆·女人和狗》。

春天里峪也是个依山乡村，乡土气息浓厚，当时正在搞几个项目，民宿刚刚兴起。这里依靠泰山，可以搞民宿，但福林没有这个条件。

2016年夏日，我特地开车跑了一趟厦门曾厝垵，那里游客可不少，但不过是小吃街一条，见面不如闻名。近的去了南浔、塘东、福全等古村，还带队福林村"两委"及老年协会考察团去了长泰的马洋溪景区。一路走来，我都在琢磨福林未来的路。

泰山春天里峪（洪国泰/摄）

2015年11月，龙湖镇政府委托了天津市城市规划设计研究院来为福林古村做保护规划，我有幸参加了一次讨论会。会上，我提了自己的想法：弘一法师来福林，可能是因为这里是"净土"，"大隐隐于朝，中隐隐于市，小隐隐于野"，他特意来此隐居。（弘一法师给词源居士信中称："……将移居莆林，拟在此闭门养静、诵经持名……"）金国皇族完颜氏后裔在粘厝埔居住，可能也有避世之意。何不用"桃花源"来定位福林村呢？我初步的想法是在檀林与粘厝埔之间的道路栽种一片桃花、樱花林。人在桃花林，心在桃花源。

2016年4月26日，在晋江市文化体育新闻出版局的支持下，在市下派挂职的林文滩先生的辛苦筹备下，龙湖镇第一届"隐·福之林"福林文化节开幕。

这次活动，龙湖镇虽是主办单位，实际执行的却是福林村老年协会和村委会。活动举办得很成功，一连数天的文化节里里外外忙坏了许金矿会

筑梦福林

013

厦门大学黄宇霞、王量量、李芝也老师考察福林（洪国泰/摄）

长。他和我的想法是：学习永宁城隍庙会，用文化节的形式把福林"炒作"起来。

2016 年 11 月左右，福林村迎来一群特殊的人，可以说是阵容强大。他们来自厦门大学建筑与土木工程学院，是经天津市城市规划设计研究院同人的介绍，带领学生来福林村做基础性乡村活化调研的。他们是王量量、韩洁、李苏豫、吴晓雯老师。

一开始带队的是韩洁老师，后来是王量量老师。我们进行了多次沟通交流，了解到厦门大学乡建社在海沧区青礁村院前社建了个实践基地。王量量老师等人好像发现新大陆似的，频繁来福林村调研，后来新加坡国立大学的陈煜老师、日本法政大学的恩田重直博士等人也来了。每当这时，我便自荐当导游，参与接待，把我所知道的福林典故全部掏出来，侃侃而谈。我一直说："如果你们来这里建基地，进行研究，我们负责给你们的成果进行转化，那该多好。"感谢韩洁老师等人把我的建议听进去了，回学校后努力为此事奔走。有一天，他们学院党委副书记黄宇霞老师来了，也带来了一个令人振奋的消息：他们已将申报材料上报给学校，打算在福林打造厦门大学与福林村的共建实践基地（校级社会实践基地）。他们将联合新加坡国立大学、英国纽卡斯尔大学以及中国台湾地区的东海大学等知名高校，在此建立具有影响力的高校实践平台。

新加坡、日本等国家以及中国台湾地区学者考察福林（福林村委会/提供）

筑梦福林

与之同时，我们的福林古村保护工作也不等不靠，福林寺两侧的厢房离垢地和清凉园修缮工程在 2015 年初相继完工，2016 年 7 月福林村委会自筹资金把绿野山房一期修缮工程启动了起来。正所谓："有条件要上，没有条件创造条件也要上。"

厦门大学乡建社以黄文灿同学为代表的团队做了一个关于福林古村活化的课题，其研究成果要参加 2017 年 8 月底海峡两岸学术论坛交流比赛。这可以算是福林托厦门大学的福开始在学术舞台上亮相。

截下来的古石磨（洪国泰/摄）

这中间也发生了一些值得警醒的事。2017 年 5 月，居港乡贤施学概先生交代我说，古村落光宣传是不行的，如果保护措施没有跟上，宣传等于是毁了这个村。6 月 8 日，就发生文物贩子来本地收购古构件一事，还好及时发现，被我们截了下来。

在住建部挂职的苏志明先生从北京捎来口信，称福林通过了第七批国家历史文化名村第一次初选，入围还是有希望的。如果成功，福林从此就有了两个国家级、两个省级的称号，还是厦门大学实践基地。如此，福林的春天还会远吗？

让世人知道一个美好的福林古村，是我的一个遥远的梦，有人笑称我是"空想社会主义者"。如此说来，这就是我的乌托邦。

2017 年 7 月 18 日

弘一堂

——"我的乌托邦，我的古村梦"系列（三）

李叔同，在民国可谓风云人物，曾是民国四大才子之一，转身一变成为弘一法师，是佛教南山律宗一代宗师。至今还有很多人对他的传奇津津乐道，2005 年由濮存昕先生主演的电影《一轮明月》出品，以此纪念一代宗师。鲜为人知的是，弘一法师与福林曾有一段缘分，他两度在福林寺驻锡消夏，留下了很多传奇故事。

如何引领福林古村的复兴，一直是我思考的问题。福林除了众多番仔楼外，还有两个重要的特点：第一，福林是侨乡中的侨乡，村里居住有2000多人，而光是菲律宾福林籍华侨据称就有 8000 之众；第二，这里曾是弘一法师的驻锡之地，"无尽奇珍供世眼，一轮圆月耀天心"（赵朴初语），"弘一"这个文化品牌是其他古村所不具备的。正如著名未来学家托夫勒（Alvin Toffler）所说："哪里有文化，哪里早晚会出现经济繁荣，而哪里出现经济繁荣，文化就向哪里转移。"如何运用弘一法师留下的人文神韵，引领福林古村的复兴，是我们所要思考的。

早前福林的先贤在福林寺前建了一座弘一亭，楹联题："弘法道生妙果秋丰佛光明照，一如梦觉花枝春满天心月圆。"我们从已故收藏家许晴野的文章中，知道弘一法师的弟子丰子恺在 20 世纪 60 年代应许晴野所邀为福林寺书写过一幅"弘一大师故居"横额，但该作品现在不知去向。我

筑梦福林

曾问过许晴野的公子许叔骧先生，可惜他并不知情。时过境迁，希望它还完好保留着。2012年，福林村尊塑了一座弘一法师坐像，又择址奠基拟建一座弘一法师纪念馆，但过程出了点岔子，拖延到现在。为了借助弘一法师的影响力来宣传福林，我们拟重启弘一法师纪念馆（弘一堂）工程计划。

2017年4月1日，弘一法师的嫡孙女李莉娟居士在泉州市佛教协会及泉州知名学者萧风的陪同下，来到了福林寺。李居士在福林寺顶礼膜拜，走遍里里外外，寻访弘祖当年的足迹，虔诚之心让我们深感肃穆。福林村老年协会会长许金矿先生早早准备了笔墨，想请她为弘一法师纪念馆题额。她自谦地称："学艺不精，让名家来题吧。"返回津门后，她托风雅颂书局给福林寺送来了自撰的楹联，云："满足一切大愿力，速成无上佛菩提。"

李莉娟居士造访福林寺（福林寺/提供）

与弘一法师生前有交集的名人，如今健在的为数不多了，黄永玉先生算是一个。我姐姐从杂志《读者》上读到一篇文章，是写黄永玉先生与弘一大师交往的一段往事，文中有提到玉兰花树。我姐姐也是有心人，特地和河南焦作的画家合作，创作了一幅作品《蜜泪》以记录这件事。现画就寄挂在福林寺里，以做纪念。

5月17日上午，我听

闻厦门要举办一期艺术展，当天就是开幕式，参展的作品中有黄永玉先生的，友人称黄永玉先生可能会来。事不宜迟，我当即往厦门飞奔而去。到了艺术展现场，我在里面瞅瞅转转，没有发现黄永玉先生。我向一个服务人员问道："怎么没有看到黄永玉先生？"他笑了笑，对我说："老先生是90多岁的人了，不轻易外出的。"一场向黄永玉求字为"弘一堂"题额的壮举，就这样泡汤了。

水墨作品《蜜泪》（洪国泰/摄）

同年5月初，我和许金矿会长走了一趟香江，恰好遇到两名旅港福林乡亲——阿补和阿查。他们为人和善，是虔诚佛教徒。阿补先生称与我有缘，第二天，他们两个就陪我们到大屿山。一路走来，他们用行动阐释了一种佛教徒的修行方式：修身、律己。中午时分，在大屿山宝莲禅寺的斋堂里，我们尝试了"贵宾斋"，斋饭色香味俱全，但是菜品确实太多。佛家有偈云："佛观一粒米，大如须弥山。"不浪费的理念深入佛教徒的日常里，我效法他们，桌上一粒米都没有浪费，全部吃完。很多香港人工作勤奋，生活节俭，特别饮食方面不浪费，也许是来自佛教的熏陶，既是信徒修行的需要，也是对俗人供奉的尊重。一顿饭的感悟，正如陶渊明所言："此中有

筑梦福林

真意，欲辨已忘言。"

与他们交流之间，我得知他们经常参加佛教交流活动。阿查告诉我，她于去年受星云法师开示，皈依三宝及受持五戒，是在家居士。香港一行，让我对重启弘一法师纪念馆工程增加了更多的信心。受阿查的启发，我想到了星云法师。

此后，我试图找星云法师题额，他是一位在海峡两岸佛教界举足轻重的人物。

香港大屿山佛祖造像（洪国泰/摄）

我知道他与弘一法师有一个共同点：乐以书法作品赠人结缘弘法。我联系了以前的同事阿莉，她是一个虔诚的佛教徒。很快她就联系上了在台的师兄妹，可惜反馈回来的消息是：星云法师 2016 年中风，身体有恙，不便央求其提笔。

至此，题字的事情就暂时搁置下来。但我还是想修建"弘一法师纪念馆"，请弘一法师"说法"，来引领社会风气。"念佛不忘救国，救国必须念佛"，在新的时代应有新的要义，福林寺也有义务对此要义进行阐释。

宝莲禅寺斋饭（洪国泰/摄）

2017 年 7 月 25 日

福林古村复兴之文化路

——"我的乌托邦，我的古村梦"系列（四）

　　福林古村东临龙狮公路（龙湖—石狮），环城高速龙湖出入口就设在福林村粘厝埔，东南方向是占地面积 4000 多亩的晋江时尚园（招商引资中），北抵石狮服装城，西依高铁站（筹建中），距离均不超 2 公里。随着政府引导的空间规划逐渐细化，古村的区位优势慢慢凸显。

　　在全国众多的古村中，福林村如何做到更具有特色呢？福林村有"五古"：古村、古校、古寺、古民居、古街。这"五古"一组合，可谓"闽

福林村鸟瞰图（福林村委会/提供）

南民居博物馆"。在这里可以触摸先人高超的建筑匠作，也可以领略丰富的侨乡文化。

古村保护意识已形成，不允许有大拆大建，就不能简单复制传统产业模式。在互联网新经济模式的冲击下，传统商业模式在这里也是很难看到春天的。但矛盾的是，古村落的保护如果没有给村民带来美好生活，那保护的代价是昂贵的，是不可持续的。

古村保护和发展由国家政策引导，但什么都依赖上级政府是不现实的，我们要专注于提升古村自身的活力。曾经有个搞自媒体的同学找过我，欲在福林村租个番仔楼做工作室，虽由于种种原因没有来成，但给了我一点启示，即我们可以吸引更多年轻人回到这里，让美丽乡村产生美丽经济。如现在有一些白领欲逃离城市，到农村工作生活，而福林村交通便利，只要网络布置到位，就基本满足办公条件。这样一来，就可以把智创、文创、农创等引入农村，既解决古村内部空心化问题，又缓解城市拥堵、房价居高不下等问题。古村走创新基地这条路，不用大拆大建，既保存古村自然生态，又促进经济发展。2017 年，福林村被阿里巴巴列为"中国淘宝村"，这是可喜的新产业模式的萌芽。

此外，文化是古村复兴之关键，如何让古村有魂，才是最重要的。

2017 年，厦门大学已在福林设立了共建实践基地（雅称"清源别院"）；在亚洲排名前茅的新加坡国立大学建筑系也来了，陈煜博士带领学生定期与不定期地来福林村做研学。福林村找到了强大的智力支持。

在此基础上，我们可以有一些设想：（1）以厦门大学清源别院为依托，吸引更多专家学者来调研。这些人既是保护者，又是游客，也是消费者，而且对本地的人文教育有正面的影响，能产生社会效益。父母都是望子成龙的，福林驻有优秀大学师生，是一道美丽、独特的风景线，是父母带孩子来福林学习并消费的原因所在，因为"榜样的力量"在福林。（2）

厦门大学与福林村的共建实践基地挂牌仪式（福林村委会/提供）

我们再挑选一座优秀的历史建筑，打造一处华侨生活记忆馆。（3）整合几处民居，创建艺术工作坊。（4）依托福林寺，建设弘一法师纪念馆。

从另一个角度来看，因为专家学者来古村做学术研究，以学术研究来推动文化传承，以文化传承倒逼古村保护，村里人才会觉得古村的古事物是个宝，才懂得珍惜，自发地去保护，这样一来就会降低古村保护的成本。以保护来倒逼乡建，从而改善村民的生活，生活环境的改善进一步推动第三产业的发展。古村保护不能只停留在"对美好的生活的向往"上，古村居民生活质量的提升，才是对古村保护最好的回馈。

感谢新加坡国立大学陈煜博士，她不遗余力，在新加坡《联合早报》专栏、世界海外华人研究学会长崎地域会议上，大力地推介福林。感谢厦门大学的师生，他们认真地研究古村，在短时间内义务整理制作了古村档案资料，并精心制作《檀林古村生态博物馆——基于侨乡复兴的乡村活化设计》规划，让福林古村在海峡两岸高校中扬名。2017年10月在东亚建筑史国际会议上，厦大师生又把福林介绍给了与会同人。

我相信，在众多专家教授的不断努力下，福林一定能找到适合自己发展的康庄大道。

"文化福林"已然启程，今后能否成为又一个"中国乌镇"也未可知。那么，在毛毛虫时期，做一个美丽的蝴蝶梦又有何妨？

2018年1月23日

福林古村之厦门大学实践基地

——"我的乌托邦,我的古村梦"系列(五)

> 感谢龙湖这块土地,感谢提倡乡村振兴的这个时代,让我有幸在福林古村探索、发现,在保护中成长。回顾这些年,总算不忘初心,不辱使命,离别时可以坦坦荡荡。
>
> ——题记

我于 2016 年成功地帮助福林村申报入选第四批中国传统村落伊始,就意识到古村保护是长期而又艰巨的过程,不可能一蹴而就,更不能中途放弃。全国古村特点不一而足,现得到成功保护的,多因政府主导的大笔资金投入,可这种模式不可能多处复制粘贴;能因内生动力得到发展的,寥寥无几。环顾四周,有谁探索这个问题?

我在龙湖工作的时间已超过 15 年,是老龙湖人,按惯例,时刻会被安排交流轮岗,届时得从龙湖离开。

挖掘古村,守护有责,舍我有谁?我不可能长期待在一个地方工作,谁来接福林古村保护这个棒?我很困惑,曾向周围一些人坦诚我的焦虑,有的人用了"船到桥头自然直"一句俗语来安慰我,提醒我后续工作安排并不是我的职责。我心有不甘,但也知道单枪匹马肯定成不了气候。

福林入选中国传统村落以后,社会各界逐渐关注起这个"国字号"的

2019年12月31日，联合国教科文组织亚太地区世界遗产培训与研究中心（上海）项目主管图努克斯（Marie-Noel Toumoux）女士及厦大师生一行造访福林
（福林村委会/提供）

村落。2016年11月，厦门大学建筑与土木工程学院的韩洁、王量量、李苏豫、吴晓雯等老师造访了福林古村，进行古村学术课题调研。

正愁如何进一步进行古村保护工作的我，冒出一个大胆的想法：拉厦大"下水"！村主干和许金矿先生被我的想法吓了一跳，认为这不可能实现。

幸运的是碰到韩洁老师。她师承天津大学教授王其亨，是个情怀满满之人，在厦门大学教授遗产保护课程。

为什么不敢想呢？不试一试，谁会知道结果呢？我敢想敢做，"敢拼才会赢"。现在无法一一描述当初说服韩洁老师等人的各种细节，但不得不提的是，我向他们夸下了海口，"你们来这里建基地，进行研究，我们负责给你们的成果进行转化"。或许他们被我这"大话"触动，经过多方考量，厦门大学决定在福林建设一个实践基地。

建基地总得找个房子吧？经菲律宾华侨许松柏先生同意，我们将他的老房子无偿借给了厦门大学做实践基地。村委会负责对老宅子进行整修，同时添置家具家电。

一个重要的问题来了：老房子装修需要10多万元，村委会日常的办公经费本已捉襟见肘，哪里来的装修经费？于是我多方奔走，其中艰辛不再细说，最后是我大胆找到了刚到任不久的张志雄镇长，坦诚了困难。镇长认真听取了我的汇报，建议我拟一份申请报告，在镇政府走了程序，批了10万元。这一笔资金是当时下拨资助42个行政村中最大的一笔。最后村委会再挤出几万元，择2017年5月13日对老房子动工修缮。

2017年6月5日，张志雄镇长来福林村调研，建议成立龙湖镇福林古村保护领导小组，自荐任组长。在这段时间，厦门大学的师生一批又一批地访问福林，新加坡国立大学、日本法政大学等的海外学者也来了，福林古村的保护工作，由开始的一个人孤独地呐喊，到现在终于听到群山的回响了。

2018年1月23日，福林村举行了厦门大学实践基地挂牌仪式。对于厦门大学而言，参与乡村振兴具体实践工作，很有现实的时代意义。对于福林村而言，厦门大学进驻福林，无疑是点燃星星之火，形成了古村保护燎原之势。一个机构，总比一个单枪匹马之人，力量更大更强，站得更高。

今日，我已经离开福林村，可以欣慰的是厦门大学实践基地扎根下来了！

2020年1月8日

筑梦福林

福见福林

——"我的乌托邦，我的古村梦"系列（六）

2019年12月31日，是个值得铭记的日子，联合国教科文组织亚太地区世界遗产培训与研究中心（上海）项目主管图努克斯女士在厦门大学王量量、韩洁老师等人的邀请下，到龙湖镇福林村和龙园村考察。恰好这一天，我在给"老东家"站最后一班岗。当日我以福林村下村干部的身份接

笔者与考察人员在清源别院合影（厦大乡建社/提供）

待考察组一行，翌日便离开龙湖镇政府。

联合国教科文组织代表莅临考察是龙湖侨乡的文化盛事，特别是福林村与龙园村的高光时刻。福林村经过我们多年宣传，特别是在厦门大学的帮助下，也算是被"吹上"联合国。幸运的是我还能顺便"沾点光"，让自己20年的农村工作圆满告结。我作为大事件中的小人物，心中充满感激，这辈子应该都不会忘记这段经历吧。

离开福林快两年了，2021年腊月某个下午，我特意回福林村看看。一走到家修大道，俨然撞见亮丽的风景线。倚溪而立的福林寺禅音缭绕，一条千米渡槽横跨阳溪，小坝流水潺潺，水面波光粼粼。清澈的溪水里，小鱼游来游去。村民倚靠着栏杆，眺望对岸的田野，享受着暖暖的冬阳，一派宁静幽雅的景象。10年前，这条溪流可不是这样的，那时候污水横流、臭气熏天，路人不得不掩鼻而走。往日场景不堪回首，但现在却是"林园花木欣欣向荣"（弘一法师语），美丽乡村入画来。

古村中的古厝是海外华侨在家乡留下的印记，也是指引游子回乡的灯标。激活这条血缘的纽带，让他乡游子"回家"，就必须做好古厝的文章，所以古厝修缮和活化利用也是我这些年最为关心的问题。

经村第一书记林小虎等人两年大力打造，福林村正华丽转身。在晋江市博物馆的指导下，号称"精美盖泉州南门外"的端园，成为福林华侨生活记忆馆。走进记忆馆，可以切身体验中西建筑结合的独特韵味，深刻感受福林浓厚的华侨文化。它还原了旧时人家的会客厅、书房、卧室等场景，展示了民国时期使用的生活用品，包括钢琴、百年眠床、桌椅橱柜、挂钟、缝纫机、熨斗、锁匙等。博古架上陈列着书籍、生活相册等。书房笔墨纸砚的置放重现主人写书法作画的场景。馆中留存着满满的儿时记忆里或祖辈父辈口中念叨的历史印记。端园用实物向我们重现了20世纪50年代侨眷的生活，古老的宅子被赋予新的文化功能，成为游客了解福林文化的一个窗口。它已不再暮气沉沉，而是用记忆馆的方式烙进新的青春印记，重新融入村民生活之中。

来福林，得去看看书投楼。书投楼为二进五开间，有双燊头、单护厝，二层两侧各有阁楼，是一座纯粹闽南风格的典型大厝。书投楼从门前开始，到内部厢房、厅堂和梁柱，色泽明丽的陶制品、石雕、砖雕、木雕、泥塑、剪瓷、油漆、彩绘应有尽有，栩栩如生的凡人诸神、花木鸟兽掩映其中。这样保存完好的古大厝较为少见。2019年底我离开福林的时候，它才刚动工修缮，现在已经完工了。它是福林村第一座做到修旧如旧的古建筑，意义重大。

书投楼设计方案是我陪业主许自程先生到厦门大学委托韩洁老师等人设计的。施工方充分运用闽南建筑传统营造技艺，让古厝重焕生机。一次我到施工现场，适逢工地的师傅刚架起铁锅，他们先把细沙炒热，然后倒进竹钉，用锅铲将竹钉和沙子搅和在一起，锅下用柴火猛烧，锅铲不停地铲翻。这种传统制作工艺，我还是第一次亲眼见到，算是增长了见识。主持书投楼修缮工程的是蔡沂轩，她后又以雪峰寺舍得书馆项目获得了2021年度"包豪斯奖"国际设计大赛奖项。

一个下午走来，我看到斗室山庄、望月楼和春晖楼

施工人员在炒竹钉（洪国泰/摄）

（许友超故居），心里十分欣慰。春晖楼按计划将布置为村史馆，据说已在做前期资料准备。望月楼是个二层的阁楼，占地面积不大但风格独特，是新中国成立前中共地下组织武工队的联络点，具有红色革命传统。几处经典历史建筑皆有大作为空间，串联起来，一起讲好福林故事，建好计划中的文化观光走廊指日可待。

福林的微景观也值得一提。这些微景观富有创意，多次获得泉州、晋江、龙湖微景观营造比赛一等奖，受到专家和群众的肯定和赞赏。这要归功于厦门大学乡建社和嘉庚学院叶茂乐团队。他们围绕福林古村要素，善于提炼精华，进行一系列景观创作设计。在福林村设计"晓园·归乡"微景观时，他们围绕"不倒的门头"做文章。门头作为归乡的一种象征，代表了"家"。"门头在，家就在。"他们将旧红砖和废弃的花岗岩门框、石亭等具有闽南特色的造型相融合，借助场地空间的引导和串联，形成"村口—村道—庭院—入户—怀思—静憩—探寻"的景观营造。

还有个微景观，以福林村民居山墙为媒介，以窄巷为空间意向，通过提炼福林村的代表性建筑山墙，将其浓缩在微景观之中，形成"看过山墙，走过窄巷，灯火依然，家的方向"的空间路径和设计思路，呈现出"印象福林·万家灯火"的主题。

他们的营造巧妙地将微景观融合在古村古厝之中，毫无违和感。这几年福林村容村貌变化大，他们贡献颇大。当然，也离不开居于此的福林人的贡献。他们在短短的时间内，攻坚克难，完成了一些我们谋划多年而未落实的项目。感谢他们不抛弃原先制订的计划，"一张蓝图画到底"，有了他们的实践，我们的理想才能得以实现。

从2012年担任龙湖镇福林点点长开始，我一直关注着福林村。从申报省级传统村落、历史文化名村，到入选国家级传统村落和历史文化名村，又先后被评为"省级乡村治理试点示范村""省级乡村振兴实绩突出

筑梦福林

共蒙小吕宋华商 承请深林氏则薛瑚宝螺国经黄友素蔡蔡螺捐起所魏文苑烛世英莲捷经涣园郑林事辑

等为吕行禁例不独工商民困难堪商务顿蹙

恩敕明以便商民而安侨庶事窃小吕宋属岛救事华人已

二百余年人数之繁孰逾十万前归日国管辖政难等救华人

来往尚可自如自归美属政令频更己亥秋闰即援约禁行禁工

之例洵是而住返者进留添种属难至去年不闻史益加厉

海口设有房屋专为华人来吕候讯之所此间饮食无资霜息无

籍船一抵港即驱入此屋不拘贵贱不论商工一经集留既延多

日备惨情状囚犯不如幸蒙

涑想领事调恤侨民力出保护量向税关再三驳语妥筹安置食

息二事得以粗安凡在怜悯至今戴德人无论多寡概行阅禁

人稠地狭每至难捱况不堪年来香港厦门惠疫闰夏每行港禁

之令至八九月间一经装华人来吕者每船数五六百人船

期又费人款又多拘禁一房蔽於客身无地而美官辱我搜取多

端盘诘语其不曾来吕等商华工被殴四者困不必言难属前曾染

清光绪年间《总署收小吕宋商董蔡资深等禀》

村""泉州市中级版'绿盈乡村'"等，福林成为晋江市乡村振兴暨农村人居环境现场会典型参观点。看着它一步步长大、长高，逐渐走出深闺，并脱颖而出，心中有点"吾家有女初长成"的喜悦。

离开福林后，我在一次翻阅史料时偶然发现，清末福林人许志螺（1830—1889）在菲华历史中是个重量级人物，曾担任过菲律宾甲必丹，还有一段不为人知的经历。19世纪末，菲律宾华人深陷"排华"浩劫，菲律宾华社不得不第二次具禀清廷，希望清政府能在菲律宾设领事馆保护旅菲华人。据《菲律宾华人通史》记载，清光绪年间福林村旅菲乡侨许志螺与其他3位华商叶龙钦、陈最良、林光合到达香港，携有290人签字申告设领事馆的公函，要求面呈清廷两广总督张之洞，反映在菲华人疾苦（叶龙钦即叶钦，1880年曾任甲必丹；陈最良即陈谦善，也曾任甲必丹；许志螺

笔者与厦门大学嘉庚学院师生在"晓园·归乡"（叶茂乐/提供）

于 1888—1889 年任甲必丹）。当时，清廷驻西班牙大使张荫桓尚在香港，与该批商人在香港会商。

福林出人杰，除了许志螺，还有移溪建寺的许逊沁（1808—1870）、被清政府赞誉"乐善好施"的许志长（1857—1917）、在"福建事变"时期出任厦门市市长的许友超（1900—1963）、民国时期开筑溪安公路（南安溪尾—晋江安海）的许经权（1890—1956）、曾任菲律宾善举公所董事长的许经撇（1887—1955）等。他们是福林人，是旅菲华人中的翘楚，在时代大风云中绽放不平凡的光芒。

时逢国家倡导"一带一路"和乡村振兴，作为中国传统村落、中国历史文化名村，福林村顺应历史潮流，着力挖掘侨乡文化的精华和内核，打造"福之林"。我们相信福林村在未来有更大、更好的作为空间。

福林有福！

2022 年 3 月 10 日于梅岭

筑梦福林

古村探幽

无上胜妙地，离垢清凉园——福林村

福林村位于龙湖镇西部，毗邻永和镇，辖区内有檀林、粘厝埔 2 个自然村，现总人口 2600 多人，占地面积 3400 余亩，是晋江侨乡一颗璀璨的明珠，被誉为"侨乡中的侨乡"，其乡裔上万人分衍于海外各地。福林村是福建省首批传统村落（2015 年）、省级历史文化名村（2016 年），2016 年 11 月被列入第四批中国传统村落名录，2019 年 1 月被列入第七批中国历史文化名村名录。

檀林村具有典型的闽南地方特征，其"五古"（即古村、古校、古寺、古民居及古街）彰显了显著的历史风貌、深厚的文化底蕴，古朴与清新兼具，自然与人文相融，具有不可复制的历史价值，是先辈留下的珍贵遗产，凸显了檀林历史文化的自然之美、人文之美、乡土建筑之美、生态之美……

檀林古村历史悠久，景色旖旎。相传此地因陈氏开基，故称"陈林"，后因檀树成片，改称"檀林"。元、明、清属晋江县十七、十八都。后因弘一法师曾在该村福林寺驻锡，寺庙名气大盛，而借寺名为村名。福林村是座拥有近千年历史的典型闽南特色古村。村庄居开阔盆地，阳溪自西北而东南，曲折穿流于盆地中间，两侧田野风光，景色宜人。檀林村中住民以许姓为主；粘厝埔则全部姓粘，为满族（古女真族），是金国皇室完颜宗

古村探幽

翰后裔。

福林村虽处晋南，然环境幽静，适宜清修，故诸多高僧大德莅此，或净住或掩关，或研经或讲学。1941年5月17日至1942年4月5日，弘一法师曾于此结夏安居，由是龙象蹴踏、群贤毕至，慈云弥漫、化被泉南。在短短的10个月又20日中，大师撰修《律钞宗要随讲别录》《晚晴集》《药师经析疑》等书，并定期为学僧讲授《律钞宗要》等，逢寺院念佛期为大众宣讲法门要义及印光法师盛德；诸方大德亦随之而来，如广化寺方丈兼中国佛教协会副会长、创建福建佛学院之圆拙法师，曾经提借百两黄金支持中共泉州地下组织之广空法师，赴南洋弘法成效卓著之传贯法师，任泉州开元寺住持之妙莲法师等。1946年12月10日至1950年1月5日，传贯、妙

传贯法师当年闭关所使用的法座（洪国泰/摄）

莲二师于福林寺后殿二楼闭关三年，晴远、观严、道津诸法师为之护关，为闽南佛教界所称誉之盛事。此外，丰子恺先生曾专程来寺参谒弘一大师故居，并为其画像。

福林村拥有闽南古民居营造技艺、泉州南音等非物质文化遗产，有许多传统文化和具有时代意义的古建筑群落，体现了一种人与自然和谐相处的文化精髓和空间记忆。同时也是一种活态文物，是历史文化的鲜活载体，第三次全国文物普查时新发现不可移动文物数量多处。三处晋江市级文物保护单位，为福林寺（庙宇，明万历年间建）、春晖楼（民居，1946

传贯法师（前排左四）赴菲律宾前留影（1956年摄于天竺庵）

年建）、许经撤宅（民居，1933 年建）。华侨文化对当地建筑形式起到了重要影响，村中有很多中西合璧的番仔楼，建筑细部工艺精美，工艺价值较高，具有一定历史意义。福林村的古民居建筑蕴含着成熟的审美观，凝聚着世代传承的亲情，承载着浓厚的人文气息，堪称"闽南民居建筑博物馆"。

绿野山房、养兰山馆是福林村启蒙教育的发祥地，也是华侨先贤兴学办校的开端。在清咸丰五年（1855 年），乡侨许逊沁心系故乡子弟的启蒙教育，创立第一所学塾绿野山房。清光绪十六年（1890 年）乡侨许志长又在村东创办了第二所学塾养兰山馆。清末泉州知府李增霨曾路经古村福林，在盛赞村景风貌之余，题赠对联"养士兴贤开其先路，蒙泉育德立之始基"，后来村小学就曾以"养蒙小学堂"为校名，为百年老校檀声小学之前身。

福林古街，始建于 1927 年，回字形的古街，街边有西洋风格的骑楼式两层洋房，也有闽南建筑风格的红砖杉木结构骑楼。这些古街建筑虽有的破败不堪，但都记载着曾经兴盛的历史，记载着侨亲的历史功勋，也记载着华侨对故乡不忘的乡愁和对祖国的拳拳之情。

福林钟灵毓秀，地灵人杰。村中历代名人辈出，如清咸丰年间菲岛华社之翘楚、反哺桑梓之先驱的华侨许逊沁、许志螺父子，民国时期任厦门市首任市长、马尼拉中华商会会长、为抗日战争做出贡献的华侨许友超，1937 年任菲律宾华侨善举公所董事长的许经撤，乐善好施闻名遐迩的许志长，等等，可谓胜地出英杰。

福林村蕴含着丰富的地域文化、人文风情、历史遗产。2018 年，厦门大学在福林村创建泉州市唯一的"高校—乡村"共建实践基地（简称"清源别院"），为古村落保护与发展出谋划策。福林村正借助国家实施乡村振兴战略的东风，积极开展古村落保护和乡村振兴诸项工作。

福林之集古寻源

福林村是远近闻名的传统村落、历史文化名村，其中的每个遗址都是历史的见证，每座古厝都承载着人文的情怀。

一、古村渊源

福林是什么时候形成村落的呢？

20世纪八九十年代阳溪福林段南畔，农民耕作时时常翻出碎砖片瓦。从福林一耆老处得知，1997年福林新村兴建房宅时，曾邀请专业勘探队来勘察地质情况，发现"新村某地纵深1.5米处有混合坚硬土层，为古代瓦砾所组成，人为因素排列有序"，估计挖探到先人的宅结构。当时这块地周边还是一片广阔田野，勘测结果表明先人曾在这里建基立业，可惜年代不详。

查阅官方史料，清乾隆版《晋江县志》仅记载福林村昔年称"陈林"，属十七、十八都，其他史料还有檀林许氏谱牒，即清光绪《重修檀林里郎公派许氏族谱序》载：先祖"荣斋公又由石龟迁檀林而开基焉，播迁相继"。据许天化《檀林古村探源》推断，许氏来檀林居住已有500多年的历史（另一说法是700年）。清嘉庆年间仁和里（今东石镇）蔡永兼《西山杂志》之《晋江县方舆考略》也有关于"陈林"的记述：

陈林者，宋嘉熙时陈邦达，宁波人，其先世陈显，宣和二年户部尚书，归隐四明山。陈邦达航舟南来，客于深沪。宋末，陈良卜居亭林，其地原属林灵古园苑之亭榭园林也，初曰"亭林"，后人讹作"陈林"。元末，陈氏移居茂林，而许氏卜安而居之，称"陈林"也。明初建福林寺，因有沉檀之香，改称"檀林"，避忌之故耳。

以上记载，可谓目前所知史料中最为久远且较详细者。

檀林于宋末名为"亭林"，其地为林灵（传为东石航海世家林銮之九世孙）所有，更是有先人建设"亭榭园林"，经宋末陈良卜居，氏族繁衍，众人聚居拓展，村名才演化为"陈林"。虽然《西山杂志》在学术界存在争议，但是正如已故历史学家傅衣凌所言，"口传文学往往是真实历史的反映，正是可供我们论证的参考"。现檀林村中有村民奉祀的"三姓公"，据2004年编印的《旅港晋江檀林同乡会特刊》记载，清光绪十六年（1890年）乡绅许志长建养兰山馆时挖掘地基发现数个坟墓中有"好兄弟"（闽南称无人认领的尸骸），分属三姓，其中有陈、张（第三姓似乎为雷，待考），于是将其集迁，另筑小庙安放，称"三姓公"。元末陈氏移居茂林

《西山杂志》相关记述

（疑为现茂亭），许氏卜居而来，逐渐成为这片土地的主要群体。此后，陈林村名又演化成"檀林"。在闽南话中，"亭""陈""檀"三字谐音，体现了古村称谓演变的一段历史过程。

二、福林寺

福林寺位于福林檀林村东南侧，毗溪而立。福林寺具体创建于何年，无处稽考，据《西山杂志》所述，福林寺始建于明初，后又称为"福林堂"。清同治年间，旅菲乡绅许逊沁先生回乡，发起移溪（阳溪）建寺（见福林寺东壁清石刻文《檀林移溪并起福林堂记》），复名"福林寺"，福林村因寺而得名。现寺庙分前、后殿及双侧护厝、园林，古朴庄严。寺早期奉祀玄天上帝，现殿中奉祀三世尊佛，旁祀观世音、地藏王菩萨。

现基本架构系 1932 年乡贤许经梨与开山祖师转伴法师倡建，在民国

福林寺旧影

20世纪中叶在菲律宾弘法的僧众（后排居中传海法师，前排右一传贯法师）

年间系草庵寺下院，属临济宗喝云门派下。派衍漳州南山寺、瑞竹寺和厦门普照寺，与南普陀、雪峰寺、承天寺同脉，因佑乡人浮海谋生，分坛海外多地。

　　山不在高，有仙则名；寺不在大，僧名则名。福林寺闻名于世，则因1941—1942年弘一法师两次来此结夏驻锡十个多月，他的《律钞宗要随讲别录》《晚晴集》《药师经析疑》便是在这里完成的。弘一法师还为寺中小花园撰写了一副对联，"福德因缘——殊胜，林园花木欣欣向荣"，上款署"龙集辛巳结夏安居莆林禅苑尊瞻堂"（"莆"通"福"），下款署"释一音撰句并书"。为功德堂拟就的牌匾是"离垢地"，意为摆脱烦恼之佛国净地，并撰联"胜福无边岂唯人天福，檀林安立是谓功德林"，上款署"于时后三十年岁集鹑尾秋仲撰句并书"，下款署"晋水南山律苑沙门一音"。由此而知，福林寺是弘一法师心目中的"无上胜妙地，离垢清凉园"。

1994年4月，福林寺被定为宗教活动场所；2007年被定为晋江市级文物保护单位。

三、檀声小学

檀声小学创建于1915年，是晋江为数不多的百年老校之一，但它的源头应追溯到由菲侨乡绅许逊沁建于1855年的绿野山房和乡绅许志长建于1890年的养兰山馆这两座学塾。据《旅港晋江檀林同乡会特刊》记载：清知府李增霨下晋南调解"都蔡冤"械斗，途经檀林，在盛赞风景风貌之余，向乡绅建议将私塾改办为学堂，并赠校名"养蒙"，撰写对联："养士兴贤开其先路，蒙泉育德立之始基。"后来小学就曾经以"檀林养蒙小学堂"为校名。1915年，厦

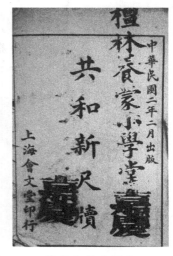

养蒙小学堂课本

门鼓浪屿名绅许经果（檀林人）响应时代要求，联系海内外乡亲，在家乡创办第一所西式小学檀林小学（先后更名为"养蒙小学堂""养蒙小学""檀声学校"），校址选在绿野山房，开启福林子弟接受西式教育的先声。

绿野山房这幢老屋随着时代的变迁，经历过学校、药店、大队部、工厂、夜校、民兵营等身份更替，如同老屋墙壁上的斑驳文字，一段段记忆残片层层叠叠。伫立在古厝中，仍可见当年教室的样子，墙上的漆斑驳脱落，依稀可见上面写的古诗词，还有那残留的黑板、学习心得栏……静伫于此，仿佛可以听见当年这里的朗朗书声。

养兰山馆原系造工精致的砖木传统建筑，其匾额"侍御传芳"是清光绪癸未（1883年）进士蔡枢南（石狮玉浦人，讳仲辉，字寿星，号莲汀）撰写的。在20世纪中后叶，传统燕尾脊梁屋顶改造为平顶的石结构，可惜

养兰山馆石刻（洪国泰/摄）

养兰山馆匾额（洪国泰/摄）

许志长后裔大部分散居海外，老宅缺乏照料，原有大量精美石刻构件陆续丢失，现徒留空屋，成为古村落永远的遗憾。

这两座清代学塾吸引了不少怀旧观光客，厦门大学和新加坡国立大学师生也经常造访这里，越来越多的文化内容被挖掘出来。乡贤许胜炎、许重庆、许天贡家族将绿野山房的有关产权捐赠作为公益事业之用，今后绿野山房有望改造成为一处海内外学术交流中心。

四、古民居

提起古村，就不得不说这里的老房子。这里有传统的民居，现在存世最久的当推建于清咸丰年间的许逊沁故居和绿野山房；格局最经典的当属书投楼；以爱乡奉孝闻名的春晖楼；还有中西合璧的番仔楼，如慈恩楼、

清源别院 （福林村委会/提供）

金星楼、崇德楼，堪称"闽南传统民居博物馆"。谈福林名宅，不得不提闻名遐迩的端园。这座房子建于 1933 年，由许经撇先生（1937 年曾任第 60 届菲律宾华侨善举公所董事长）回乡建造。据传，大门是一块完整石头，费时 3 年打磨而成。整幢建筑独具匠心，建筑风格别具一格。

福林这些老房子有一共同点：房主都是海外华侨，它们见证了衣锦还乡的游子热爱祖国、心怀桑梓的拳拳之心。

福林古村 2018 年还增添了一个新的亮点：厦门大学实践基地落户福林，取名"清源别院"，不仅因为老房东名叫清源，还因泉州历史上著名的清源书院。"栽得梧桐树，引得凤凰来"，希望清源别院可以借助厦门大学的人才资源优势，为福林的发展出谋献策。这是福林破茧成蝶的文化起点。

五、通安街

街道是建在石狮通往安海的驿道上，所以称"通安街"。1927 年华侨许经果倡导，众人筹资，成立市政会，由市政会统一征购溪东侧农田，统

古村探幽

福林
记忆

民生西医院旧址（洪国泰/摄）

一规划，建店铺出售。据传每个店铺标价 800 元，其他地段由私人订购，自建房屋。历经多年，建成了由 94 家店铺构成的回字形的街道，街区之大，两倍于昔。街上一座座骑楼，首尾相连，米铺、布店、药店、照相馆、客栈等，承载着周边村庄的茶米油盐，是周边 10 公里内最主要的一个集市。

风雨近百年，现在大部分店铺已关闭，部分建筑仍在。踏上 1993 年新铺设的石砖，一路走来，我们还可找到些昔日的辉煌。比如始建于 1927 年的骑楼民生西医院旧址，其巴洛克风格山花上刻着"民生西医院""医士杜安人"字样，上面还清晰可辨北洋政府五色旗标志。当年的医士杜培材（字安人）从日本学成回来，应族老许志兑所邀，在通安街开设医馆，用西方医术悬壶济世，福林第一卫生所就是从杜安人医馆基础上延续下来的，继续救死扶伤之志。

福林"五古"居于一隅，具有丰富的历史人文价值，如同古代"养在深闺人未识"的大家闺秀，在卷帘后若隐若现，期待着人们去揭开那一层神秘面纱，将它们的美一一展现出来。

048

福林寺"阿舍"

福林寺前殿左供桌上供奉着两尊比较特别的木偶神像。木偶神像是两个小男孩,红色小脸,披上红肚兜,手互相搭在肩上。村中老者称其是"孩仔神",尊称"阿舍",但不知道福林寺何时开始供奉此神像。

周边乡村的父母祈求庙中"阿舍"庇佑家中小孩,会让小孩拜"阿舍"为"契父"——干爹。"阿舍"俨然成为儿童成长的守护神。其供品

福林寺"阿舍"(洪国泰/摄)

也充满童趣，多是饼干、糖果、果冻等孩童喜欢的零食以及各种玩具。

经考证，原来这两尊"阿舍"的原型是历史上著名的患难兄弟：赵昰、赵昺兄弟。宋末，赵昰、赵昺兄弟先后被宋室遗民拥立为帝，建立起流亡小朝廷。泉州民间传说，小朝廷兵败后，赵昰、赵昺乘船逃到泉州，船泊到法石等岸，登过的一座山称"万岁山"；过东山，涉水下辇，称"御辇村"，建桥称"御赐桥"；至内坑，登山、停驾祭母，因称"思母山"。泉州赵宋遗民对南宋朝廷是有深厚感情的，便冒险塑像以二帝为祭祀对象。因宋度宗的儿子名字均有"日"字旁，女儿名字有"月"字旁，民间便将这两尊神像称为"日月太保"，以"日月"代称宋室血脉，追念前朝皇裔。由于担心元朝统治者发现而惹来杀身之祸，人们对外就将神像称为保护儿童的神灵。"日月太保"的神讳和真实身份以口头形式流传。在泉郡民间俗称"相伴舍人"，意为共甘苦、同命运的两尊神明，后又简化为"阿舍"。弘治十三年（1500 年），明孝宗敕封其为"英烈侯"，褒扬兄弟二帝坚贞不屈的气概。比较出名的祀殿是位于鲤城区一堡街中段的日月太保宫，又称"浦东宫"。

观 音 记

　　晋江安海龙山寺是海内外各地众多龙山寺的祖庭，寺中供奉有一尊千手千眼观音，闻名海内外。据传，隋开皇十二年（592年），僧人一粒沙于安海北无诸庙观化，见大樟树（一说大榕树）数十围，夜间瑞光顶现，昼则香霭氤氲，遂以之为材，延聘木雕匠师，历时8年凿刻成一尊千手千眼观音宝像，由供奉闽越王改祀观音，将无诸庙更名"天竺寺"，由是香火播于海内外。

　　该千手千眼观音两臂合十，置于胸前，有1008只佛手，掌中执书卷、钟鼓、珠宝、花果、乐器等法器。手势自上而下排列如团扇，宛如道道金光四射，跣足而立。整座立像镂刻既繁复入微又层次清晰。"千"为无量及圆满之义，以"千手"表示大慈悲的无量广大，以"千眼"代表智慧的圆满无碍。明代大书法家张瑞图传神地称之为"通身手眼"并为之题字。

　　龙山寺千手千眼观音历经岁月沧桑，曾多次修缮，抗战胜利后重刷一次金身。至20世纪90年代，1008只佛手因年久受腐和白蚁蛀蚀损坏十之八九。从1995年9月至1996年5月，在住持释开慈法师的倡导下，信徒们大力支持，为龙山寺的观音像更换损坏的佛手，并重新刷金身，耗资36万余元，仅黄金就用去30余两。

安海龙山寺千手千眼观音造像（陈冬挺/提供）

谈到安海龙山寺观音造像修缮，笔者有缘见过 1988 年修缮该观音佛像遗留下来的座下莲花残片，共 15 瓣，收藏者为致力于传播海峡两岸文化的洪荣隐联艺术馆馆长洪荣先生。据洪先生介绍，这 15 瓣莲花，他历经多年才搜集齐整，其中 3 瓣在 1992 年漂洋过海到了海峡对岸，被高雄市龙山寺奉为镇寺之宝。洪先生经不断努力劝说，得到高雄市龙山寺董事会信任，获赠得此 3 瓣莲花。该 3 瓣莲花于 2011 年 5 月 15 日被带回大陆，使得莲座重归完满，列入艺术馆收藏。

龙山寺观音佛手（许获萱/提供）

提起观音，必须再提另一传奇观音造像，即"不二观音"佛像。它曾是福林寺镇寺之宝，系八宝铜铸造。据传该佛像是清朝古物，传承 200 多年。"文革"期间，国内掀起"横扫一切牛鬼蛇神"浪潮，到处"破四旧"。福林缙素忐忑不安，听闻泉州开元寺没受到红卫兵的猛烈冲击，村中有心之人暗中将该观音造像送至泉州开元寺保管，佛像终能在乱世之中躲过一劫，幸免于难。

福林寺"不二观音"造像留影
（许获萱/提供）

古村探幽

"文革"后，重迎观音造像回福林寺供奉。可惜传世文物遭人惦记，菩萨千身，不及梁上君子一手。某年，观音造像不翼而飞，但次年某一天，观音造像在众人毫不知晓的情况下突然重现福林寺，可能是盗佛像者心中不安，才趁人不注意送归观音造像。

　　可惜执贪念者不止一人，2011年某夜佛像再一次失去踪影，至今下落不明。

如一因缘

两张旧照：
追寻福林寺与弘一法师之前缘

　　第一张照片上方额题"佛历二千九百五十七年摄于泉州开元寺"，下方楣题"广心法师　转尘和尚　弘一法师　性愿法师　经保居士"。一张照片把时间、地点、人物都标明了。但佛历2957年是哪一年？经保居士又是谁呢？

广心法师、转尘和尚、弘一法师、性愿法师和许经保合影

目前，佛教界通行的佛历是从释迦牟尼涅槃开始算起的。按照世界佛教徒友谊会的统一说法，释迦牟尼诞生于公元前623年，成道于公元前588年，涅槃于公元前543年。不过实际上佛教的不同分支宗派都有各自的看法，近代高僧虚云老和尚举《法本内传》所述，认为佛陀是在周昭王二十四年（前1027年）四月初八日生，周穆王五十二年（前950年）二月十五日入灭。按照这种说法，佛历纪年应从公元前1027年算起。由于虚云老和尚身兼禅宗五家法脉，此处的纪年法应是以其开示佛历为准。据此，佛历2957年为公元1930年。

据《弘一法师在泉州》（齐鲁书社版）记载：1930年2月9日，弘一法师由小雪峰寺移锡泉州承天寺，居住两个多月，襄助性愿法师做了不少事情，包括为学僧讲课，拟订教学方案，并为承天寺整理佛经。4月15日，乘船返回温州庆福寺。

然照片中标明的地点是泉州开元寺，却是为何呢？当年承天寺、崇福寺和开元寺并列为泉州三大丛林。1930年，弘一法师在泉州停留时间不长，广心法师、转尘和尚、性愿法师与经保居士陪同其游览了开元寺，照片当摄于此时。另外，在此时与弘一法师接触，与泉州佛

弘一法师与许经保合影

058

界高僧同游开元寺，足见经保居士法缘笃深。现还存 1938 年许经保与弘一法师的合影，可以为证。

许经保何许人也？百年故事一线缘，在一老友的帮助下，我竟联系到经保（人称"钞茂围来保"，龙湖新街人）先生裔孙许文坚，得知其中点滴渊源。

1937 年卢沟桥事变，抗日战争全面爆发，日寇南下，弘一法师拟赴南洋弘法，因战事受阻，10 月底回到厦门。年关将至，大师受草庵所邀，第五次莅临泉州，挂锡草庵度岁。泉州南门外三乡许氏宗亲宗长听闻大师莅临泉州，因族彦许经保先生与弘一法师有过前缘，特委托经保前往草庵，恳邀大师到檀林福林寺驻锡，顺便弘法修学。据许文坚转述先辈记忆，大师当时回复称："会去、会去，晋江、南安、惠安、漳州今后都会去。"

据《弘一法师在泉州》一书记述：1938 年 1 月 21 日，大师致函李芳远，称以后写信，可寄泉州南门外石狮下檀林街灵鹫寺转交草庵。信中提到檀林，可见大师对福林寺应有基本的了解。

1941 年 5 月，弘一法师前往檀林福林寺驻锡，历时 10 个月又 20 天。数十年后，人事沧桑，这两张照片无意中印证了弘一法师与福林寺之前缘。

弘一因缘

他在楼上，我在楼下

　　1938年5月厦门沦陷，泉州成为抗日前线，人心惶惶。面对强虏入侵，国难临头，弘一法师谆谆告诫僧众，念佛的人也要以国家兴亡为己任，不要忘记救国家，要关心众生、关心社会、关心国家，提出了"念佛不忘救国，救国必须念佛"的观点。

　　1942年，弘一法师助力弟子传贯法师在福林寺成立念佛会，开示众生曰："佛者，觉也。觉了真理，乃能誓舍身命，牺牲一切，勇猛精进，救

檀林乡福林寺念佛会摄影（乙）

林清哲、洪国泰、许书民、许金矿、易水合影（洪国泰/提供）

护国家。"弘一法师将念佛与抗日救国统一起来，以出世的精神来做入世的事业，用宗教勇猛精进的精神来实现爱国救世，表现了他强烈的爱国之心和民族气节。

我自下派福林村伊始，便注意到村委会的"老邻居"福林寺。我经常进去参观，如此机缘，触摸到了弘一法师的印迹，不知不觉关注起弘一法师的过往，陆续结识了一些研究"弘学"的朋友。近年来，我有幸接触到若干有关弘一法师的老照片，其中就有流传甚广的旧照《檀林乡福林寺念佛会摄影（乙）》。时过境迁，图中人物多已作古，然而由于偶然的机会，我认识了时年 88 岁的许书民先生，得知合影里有童年的许书民（旧照前排左二），他也是照片众人中现唯一健在之人。

2019 年 12 月 26 日晚，接到晋江市博物馆林清哲先生电话，说是香港《大公报》特约记者易水先生要来福林，重寻大师足迹，收集有关历史素材。我便向他举荐了许书民先生。

难得易水先生是有心人，一年多来在海内外奔走，探访弘一法师的足迹。在福林村许金矿先生牵线下，许书民先生与易水先生见上了面。而我几年来一直没有恰当时机向许书民先生请教，正好也参加了这次采访活动。

能面对面与许书民交流弘一法师的故事，易水先生十分高兴。据他介绍，他所知的与弘一法师有过交集、现健在的老人，除陈珍珍、陈祥耀、潘礼美外，许书民是第四人。（按：福林许天化老先生也与弘一法师有面见之缘。）与许书民本人交流弘一法师的福林往昔，抢救性地留存弘一印迹，是获得第一手珍贵史料的方式，对研究"弘学"颇有助益。

据许书民回忆，他1931年出生于菲律宾，1936年回国，1937年抗日战争全面爆发，就留在家乡檀声小学就读（此时檀声小学改名"至善乡国民学校"，办学地点在许氏祖祠）。1941年因侨汇中断，学校办学经费枯竭，不得不停办。刚上四年级的许书民只得辍学在家，整日无书可读，无事可做。母亲刘乌芸是个虔诚的佛教徒，挂念在南洋音信全无的丈夫，选择了常年吃素斋，青灯供佛，成了福林寺的常客。幼年的许书民和哥哥许书往（旧照前排左三）经常随母亲到福林寺烧香祈福，接触了不少福林寺僧众。

当时时局混乱，福林寺无疑是周边信徒祈求平安，寄托希望之所在。一位高僧的到来，对躁动的侨乡来说，无疑是一颗强力定心丸。

福林寺烧香拜佛的人来来往往，但弘一法师寡言少语，整日住在二楼的房间里，房门紧闭，与他人交流不多，众人却对他毕恭毕敬。

因为无学可上，村里随处可见玩耍的孩童。正逢春夏之交，一群顽皮的孩童经常在福林寺边的阳溪嬉戏拂水。碰到在此驻锡消夏的弘一法师，无邪的孩童根本不管这"外来的和尚念什么经"，只知他心善，很有趣。

孩童们决定戏弄法师，便到阳溪中抓蝌蚪，如逮住一尾，便捧在手心，急匆匆跑去福林寺寻得弘一法师。

"和尚，和尚，你要不要买？五毛！"

"什么？"

"蝌蚪，五毛！"

"太贵！太贵！"

"不买，我就把它捏死。"

"要！要！要！"

弘一法师买下了蝌蚪，随后在阳溪中放生，蝌蚪随着溪流而下，逃过一劫。村中的小孩在远处观望，窃窃私语。

弘一法师屡次被这样戏弄，也无可奈何。之后，乡里缁素知道了此事，斥责了这帮小孩，溪里的蝌蚪总算不再被折腾了。这故事在福林乡亲中口口相传，我们特向许书民求证此事，得到老先生的证实。

老先生还说，少时年幼不经事，最大的遗憾是：他（弘一法师）在楼上（闭关），我在楼下（玩）。这虽是一种遗憾，但也是特别的缘分，虽无直接教学，但弘一法师却用自身言行做了表率。

接受采访的四天之后，也就是 2020 年元旦，许书民老先生归寂。

弘
一
因
缘

063

弘一法师为何缘断福林

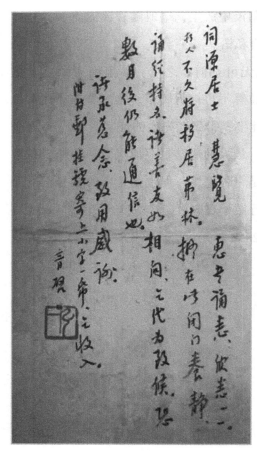

弘一法师致信曾词源居士

一代宗师弘一法师曾两度来福林寺驻锡消夏，他为何来福林消夏？之后又为何不来了呢？

弘一法师曾给曾词源居士（惠安人，曾任惠安商会秘书长）一信，称："词源居士慧览，惠书诵悉，欣悉，欣悉。朽人不久将移居莆林，拟在此闭门养静、诵经持名。诸善友如相问，乞代为致候。恐数月后仍能通信也。诸承旧念，致用感谢。附付邮挂号寄上小字一纸，乞收入。音启。"

弘一法师在福建修行弘法时一贯云水萍踪，曾一度立誓在惠安净峰寺终老。然事不如愿，在净峰寺时，六月十九、八月初八

064

和九月初九、九月十九世俗"佛生日"连日的演戏，都要卸下庙里的大门搭戏台，连法师闭关的三宝殿的门也被卸下。演出时鞭炮声声，群众喧哗、赌博、抽大烟，再加上好几天未能及时供午膳，影响了在净峰寺闭关专心校对经文的弘一法师。他便认为"缘尽"，选择了离开。

唐代诗人杜甫曾赋诗《水槛遣心》二首，其中之一描述他所居住的草堂的周围场景，云：

去郭轩楹敞，无村眺望赊。

澄江平少岸，幽树晚多花。

细雨鱼儿出，微风燕子斜。

城中十万户，此地两三家。

福林寺在 20 世纪三四十年代，位于阳溪福林段水尾，远离村庄，周围是一片丘野。弘一法师一来福林寺，见此处环境幽静，方便掩关习静，好如杜甫之草堂、陶渊明之南山。

福林寺旧影

惠安净峰寺拓片

福林寺左侧有一座空间狭小的花园，这里有多种花木，溪流潺潺，是弘一法师最喜欢的地方。弘一法师还为小花园撰写了一副对联，写着"福德因缘——殊胜，林园花木欣欣向荣"，还为花园取名"清凉园"。这副对联看似写景，但其实是弘一法师的内心写照。

福林寺右侧为功德堂，乃纪念往生圣僧之地。弘一法师为功德堂拟就的牌匾是"离垢地"，意为摆脱烦恼之佛国净地，并撰联"胜福无边岂唯人天福，檀林安立是谓功德林"。可见福林寺让弘一法师感受到美妙、宁和、清净，以及心灵超脱后的欣喜与自在，是"离垢地"，是"清凉园"，是他理想归寂之所，可托付终身的"无上胜妙地"。

1940年，传贯经师父广空推荐，接受福林寺礼请，偕同父亲广谦到福林寺任住持，此年传贯年仅26岁。传贯任住持后，两次礼请弘一法师前来掩关，意在助缘大师完成未竟著述。大师喜静，便离开净峰寺，接受了传贯的邀请。1941年5月15日，弘一法师自水云洞启程，移居福林寺。

但弘一法师最后没有终老于福林寺，可谓是佛缘尽了，这是福林寺的一大遗憾。

太平洋战争爆发后，闽南与南洋邮路中断。1942年1月18日，大师

1941年5月27日《福建日报》 (陈冬挺/提供)

为处理一笔来自上海善友刘传声居士的赠款，特偕同传贯离开福林寺，前往泉州市区，住在百源寺。1942年2月6日，亦即离开百源寺前一天，大师再次函复童子李芳远："惠书，欣悉。朽人此次居泉两旬，日堕于名闻利养陷阱中，至用惭惶。明午即归卧福林，闭门静修。特刊一册，附挂号邮奉。又复竹庄居士函，及与陆、严二居士写件，俟后，托传贯师寄上。先此略复，不宣。"便回归福林寺，前后又住了两个月。

1942年4月下旬，大师应时任惠安县县长的旧日门生石有纪邀请，偕同侍者龚天发（又名陈天发）居士，离开福林寺，前往惠安灵瑞山寺。然泉州缁素以晋江沿海战氛浓厚，甚不安全，而弘一法师又年老体弱，便极力劝请留在城里。皈依弟子叶青眼时任温陵养老院院长，以"时局扰攘，在城较便，请公莅临，结夏安居"为由礼请，大师为其感动，接受建议，偕同妙莲、觉圆、龚天发移居温陵养老院。可是温陵养老院只宜养老，不适著述，故仅居半个月，他便打算重返福林寺，期望在传贯的护持之下，闭关著述。其间，传贯又委托广义劝请大师移居福林寺。

不料，行将启程，传来消息：传贯法师的老父亲广谦老人于福林寺圆寂，因以前有过失，监院广空认为他修持不坚，在他圆寂后，竟以剃度师名义，坚持己见，公开强迫将遗体迅速装入铁龛，急急焚化了事。

鉴于广谦老人的遭遇，弘一法师心有余悸。后来弘一法师给开元寺寺方写了封信，表明了自己对此事的态度：

开元诸位法师同鉴：后学近欲往闽东，承诸法师、诸居士诚意挽留，至用感谢。又承开元诸位法师屡次劝命后学居住开元，后学拟于此时移居开元暂住。但有预为声明者二事，先以函陈，敬启垂察。

一、广谦老人近示寂于福林寺，广空法师

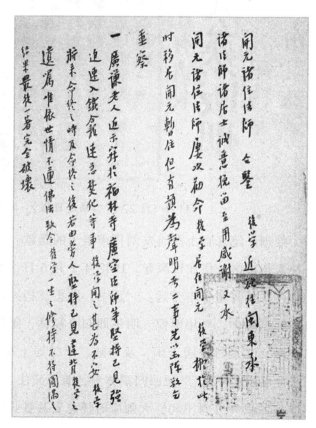

弘一法师致信开元寺

弘一法师绘像 （张外藉/提供）

图云：晚晴老人曾于戊寅年劝诸善友集合，读诵普贤行愿品十万部，回向法界有情，灾难消除，身心安豫，同生极乐世界，速成无上菩提。本月四日恭逢老人涅槃七周（年），本月廿日复值冥寿七旬之辰，弟子等谨集善友，读诵普贤行愿品七千部，愿老人早日见佛闻法，早回娑婆救拔群迷，重兴南山。更愿法界有情，同圆种智，各恭随喜，请列尊衔。门弟子妙莲、传贯、圆拙，私淑弟子……

等坚持己见，强迫速入铁龛，速急焚化等事，后学闻之甚为不安。后学将来命终之时及命终之后，若由旁人坚持己见，违背后学之遗嘱，唯依世情不遵佛法，致令后学一生之修持不得圆满之结果，最后一着完全破坏。

二、人谁无过，过而能改，善莫大焉，从上皆称，改过为贤，不以为过为美。故人之行事，多有过差，上智下愚，俱所不免。唯智者能改过迁善，而愚者多蔽过饰非。迁善，则其德日行足称。君子饰过，则其恶弥著，斯谓小人。

弘
一
因
缘

069

这封信预先申明：将来命终时及命终后，须按自己遗嘱办理，恕不听从他人意见。大师对身后事何以如此看重？信中已说得颇为清楚：人生"最后一着"，安排不当，毕生修持付诸东流。

以上可见广谦身后一事令大师甚为震惊，浮想联翩，也深感不安，认为这做法唯依世情，不遵佛法，致令出家人毕生修持不得圆满。为避免步广谦后尘，大师当机立断，放弃移居福林寺。

福林寺，惜哉！

参考资料：

① 《弘一大师全集（修订版）》编委会编：《弘一大师全集（修订版）》第八册，福州：福建人民出版社，2010 年。

② 陈笃彬、苏黎明：《寓居温陵不再他迁》，《弘一大师在泉州》，济南：齐鲁书社，2015 年。

弘伞法师的尘世旧事

弘一法师是中国近代的大德高僧，名扬海内外；而他的师兄弘伞法师走的是另外一条佛法传灯的道路。弘伞法师，安徽灵璧人，原名程中和，曾在民国军界身居高位，出家人不言以往，知道他履历的人很少，至于为什么他要离妻别子、抛弃万贯家财而遁入空门，更是无人知晓。

平湖李叔同纪念馆王维军馆长多年来一直探寻弘伞法师事迹，2019 年底获得 1947 年民国报纸《真报》一期，方窥得大师尘世旧事。分享如下：

弘伞法师

弘伞和尚原是革命前辈

杞 子

安庆踞长江上游，曩为人皖省会，楚尾吴头，控制江淮，宜城斗大，能战不能守，亦用武所必争。清光绪卅二年夏，徐锡麟首先发难于是处，刺杀恩铭，虽以身殉，亦足以褫满人之魄。继

福林记忆

1947年民国报纸《真报》

之者有熊成基。熊趁太湖秋操之际，省垣空虚，遽起义，杀身成仁，有足多者。熊以炮兵营发难〔难〕，而炮兵营灵璧程君，亦参加是役，见事机泄露，不愿作无谓之牺牲，遂急趋至舒城，化装简道遁。省吏会派孙发绪追之，因缇骑行甚速，弗能及。程于光复时，会游升至旅长，嗣以所如辄左，遂皈依佛法，法名弘伞，主持杭州某刹有年，复参加慈善事业，以救济众生为志职。

人咸目为政治和尚，余以抗战期间，于役渝州，弘伞适承乏赈济委员会第三救济区赈务，机构在屯溪，间道赴陪都述职，余与晨夕过从，相得甚欢。弘虽政治经验差缺，而洁身自好，殊不可及。孙发绪与黎黄陂有旧，黎继任总统，以直隶定县知事，一跃而为山西省长，官运亨通，罕有其匹。迨黄陂下野，即赋闲居，百端活动，不能得一位置，遂抃足慈善事业，以消磨岁月，不期又与弘伞同事。关于追杀弘伞一节，事过境迁，久置度外，况彼此均放下屠刀，毫无芥蒂于胸臆？一日孙于大庭广众中演讲，谓彼善于追随弘伞者，昔日革命，既已追随，今日办赈，又复步武，妙语解颐，诚不愧为曾任俊长者，即弘伞以此语我时，亦忍不见禁云。

弘一法师与草庵摩尼光佛

　　草庵，供奉摩尼教的摩尼光佛。草庵是摩尼教寺院，在明代何乔远的《闽书》中已有明确记载："华表山，与灵源山相连，两峰角立如华表。山背之麓，有草庵，元时物，祀摩尼佛。"清乾隆《晋江县志》载："华表山在五都，距城南四十里，双峰角立如华表，然麓有草庵，元时建祀摩尼佛。"

草庵法会旧影

　　摩尼教后称"白莲教"。本是波斯人摩尼所创，唐武则天时传入中土。因教义崇尚光明，又称"明教"。历代民间起事，多借白莲教为组织基础，北宋方腊，南宋钟相、杨幺，元末韩山童、刘福通，明代赵全、徐鸿儒，俱

074

是此教中人。

宋绍定年间，泉州知州真德秀发布《劝农文》，劝喻泉民"莫习魔教，莫信邪师"，他所说的"魔教"就是摩尼教，"邪师"就是指摩尼教的法师。明朝朱元璋"定天下，以三教范民"，认为明教威胁其统治，以"嫌其教门上逼国号，摈其徒，毁其宫"。明嘉靖年间，草庵摩尼教所处场所被晋江县令钱楩列为淫祠异端，进行打击清除，就其地址辟为书院，招徕附近村落童稚前来读书，以正风俗。

20世纪80年代初泉州发现清蔡永兼撰《西山杂志》的手抄本，其中有"草庵寺"条，对草庵的兴废亦有一番记述：

> 宋绍兴十八年，宋宗室赵紫阳在石刀山之麓，筑龙泉书院。夜中常见院后石壁五彩光华。于是僧人吉祥募资琢佛容而建之寺，曰"摩尼寺"。元大德时，邱明瑜曾航舟至湖格，登摩尼寺，捐修石亭，称曰"草庵寺"。明正统乙丑十年修。明洪天馨先生与吴象坤先后隐居于此。尔后，佛会僧人谓摩尼非牟尼，遂置之荒芜也。而龙泉庵则被清兵所毁。

可见草庵在清末已经是荒芜之地，之后草庵重兴，离不开三个人，即瑞意、广空和弘一法师。

民国初年，苏内村曾家一个30岁左右的男子到草庵出家为僧，法号瑞意。瑞意法师对佛教知识了解甚少，1924年广空法师来到了草庵，两人合作才兴盛了草庵香火，之后他们在草庵寺前面盖了一座三开间的龙泉寺，内供佛教的五方佛，在摩尼光佛崖刻东面建了一栋三楹小楼，作为僧舍（后弘一题名"意空楼"），这期间僧侣渐渐多了起来。因"其地幽胜"，弘一法师曾三度来草庵驻锡。1933年12月31日，弘一法师应草庵庵主之请，由传贯法师陪同，第一次来到草庵，住在意空楼。

晋江这一带虽称"泉南佛国"，但习俗上把儒、释、道甚至巫混同，

弘一因缘

一律皆称"佛"。摩尼教在晋江融合佛、道信仰，借鉴佛道造像，创造了"道貌佛身"的摩尼形象。草庵摩尼教常被人误为佛教的一支，甚至误认为石刻造像"摩尼公"就是释迦牟尼。当地人也一直以为草庵是佛寺。

瑞意法师在草庵出家修行，与广空法师营建龙泉寺，显然他们心目中供奉的是佛教释迦牟尼佛，秉承的是佛教教义，经营的是佛教道场。而从弘一法师遗留下来的相关文字中，很难斑窥其对草庵摩尼教造像的态度。一代律宗祖师弘一法师是否知道草庵供奉的是摩尼光佛而非释迦牟尼佛呢？

草庵前摩崖上刻有明正统年间刻摩尼教教条"劝念：清净光明，大力智慧。无上至真，摩尼光佛"，弘一法师对此不可能熟视无睹。其给草庵撰写的一副楹联也蕴含玄机："草积不除，便觉眼前生意满；庵门常掩，毋忘世上苦人多。"此联无疑借鉴了唐代白居易《晚春登大云寺南楼赠常禅师》"岁时春日少，世界苦人多"，而大云寺在唐代就是一所摩尼教寺。弘一法师应该是了解草庵石刻之渊源，而不点破。

弘一法师还为草庵写下《重兴草庵碑记》：

草庵肇兴，盖在宋代。逮及明初，轮奂尽美。有龙泉岩其地幽胜。尔时十八硕儒读书，在其间，后悉登进，位跻贵显。殿供石佛，昔为岩壁，常现金容，因依其形，剗造石像。余题句云："石壁光明，相传为文佛现影；史乘记载，于此有名贤读书。"盖其事也。胜清御宇，寝以零落。昔日金刹，鞠为茂草。中华建业十二载，瑞意、广空上人伤其废圮，发意重兴。绵历岁时，营治堂宇。壬申十月，复建意空楼三楹。虽未循复旧观，亦可粗具规范。余于癸戌之际，岁暮春首，辄居意空，淹留累月。凤缘有在，盖非偶然。乃为记述，垂示来叶焉。

于时二十七年岁次析木。

瑞意上人重兴草庵，功在万世，于中华壬申三月二十六日示寂，尔后每年于是日念佛回向，永久勿替。

此文中，弘一法师用"文佛""石佛"代替称呼草庵石刻造像，似乎有意模糊其身份。

草庵在瑞意和广空法师经营期间，就是佛教场所。那弘一法师如何看待供奉的造像是摩尼光佛的问题？

佛教经典《金刚经》云："凡所有相，皆是虚妄。若见诸相非相，则见如来。"佛的所有相，都是引导世人进入信仰的"方便法门"罢了。六祖惠能留下的偈语"菩提本无树，明镜亦非台。本来无一物，何处惹尘埃"，也指出要破除对身（菩提本无树）、心（明镜亦非台）的实体性执着，相对的"染污尘埃"也是非实体、不真实、无可得的（何处惹尘埃）。那么，草庵石刻造像是摩尼光佛像还是释迦牟尼佛像，皆是虚妄表相。

对于宗教信徒而言，诚则灵是最浅显也是最具价值的观念。无论弘一法师本身是否知道摩尼教非佛教，当他驻锡此地的时候，这里已然是佛教活动场所。众人虔诚叩拜的是心中的佛，而非相上的佛，这就足矣。

佛教对于异教，并不排斥，称之为"外道"，这是一种客观陈述，没有贬义。而且佛教起初也是以一种异教外道的形象出现的，后来在中国逐渐发展壮大。弘一法师对异教的态度也是宽容的，他本身就是在国内深受儒释道文化影响，在日本留学期间受天理教影响，在杭州教书以后才接触本土佛教思想的核心义理。

弘一法师于1942年圆寂，留有偈言云："执象而求，咫尺千里。问余何适，廓尔忘言。"这也可以作为他对草庵摩尼造像态度的解读。

参考资料：

① 粘良图：《晋江草庵研究》，厦门：厦门大学出版社，2008 年。

弘一因缘

福林寺"住深法性"匾额

"住深法性"匾额 (洪国泰/摄)

"住深法性"为《华严经》偈颂，弘一法师常以书《华严经》偈语赠送世人结缘弘法。

此匾摘自弘一书句，凹处镀金描色，横匾上无弘一题名。据了解，此为福林寺20年前寺庙内部改造时替换下的建筑构件，现碑匾收藏在寺内。

"住深法性"，意为安住在甚深的法性之中。法性也即佛性、一实相印。此句是告诉人们修行最要紧的就是能够彻悟自我的佛性所在，证得法性性空，且能够安住在其中，这样才是真境界。主要讲的是修行目标和修行方法，是在学佛过程中常被提及的一种意涵。

史海钩沉

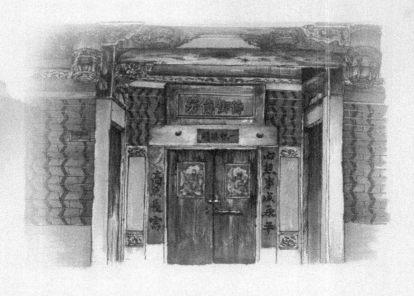

风雨溪安路

回忆当年削崚岗，崎岖梅花变康庄。

开山辟路人何在？渺渺香江水一方。

安海著名华侨俞少川（1903—1989），在中华人民共和国成立后重登南安梅花岭，内心感慨，惆怅之余写下了上面这首诗，题为《重登梅花岭怀胸雪兄》。诗中"崎岖梅花""开山辟路"钩沉了一段被岁月湮灭、筚路蓝缕的泉南交通史。

鸦片战争后，清政府被迫开放通商口岸，厦门成为五口通商口岸之一，南洋华侨回国多选择在此登陆。抗战前，据厦门海关报告，厦门往来旅客每年达到 80 多万人次，闽南一带的华侨每年有几万至十几万人次取道厦门回国或出国。

但是闽南一带的侨客要奔赴厦门或步行或坐轿，不仅要费时三五天，而且途中常有土匪抢劫或绑票之忧。由于晋江县安海镇距厦门航程近，航道安全，水陆联运方便，自从安（安海）厦（厦门）轮船通航后，泉属一带乃至闽东等地华侨出入国门，自厦门乘洋船往返，皆选择在安海转驳。同时安海成为外国商品由厦门进入内地（安溪县、永春县、德化县、大田县等地），内地土特产外销的中转站、集散地。安、厦之间船舶穿梭往来不绝，大批洋货涌进安海，安海商业市场十分繁荣，有闽海"商业名镇"

1935 年，厦门—马尼拉船票
（张庆晖/提供）

之称。

历史的机遇选择了闽南作为近代福建交通运输业发展的先驱，拉开了福建公路建设的序幕，全省最早的公路之一，即泉（州）安（海）公路于 1919 年 7 月动工。闽南一带车路通车后，有的地方当天就可到达厦门。

泉安汽车路股份公司（简称"泉安公司"）系靖国军司令许卓然派民工筑路，完工后交陈清机（旅日，安海籍，同盟会会员）全权负责经营。在泉安公司带动影响下，自 1920 年以后，闽南各地纷纷成立民办筑路汽车公司，

清末民初安海码头（陈冬挺/提供）

公司名称	创办人			原资本额	共筑造公路	实际投资额
	姓名	侨居地	原籍			
泉安	陈清机	日本	晋江安海	25万	99公里	113万银元
泉围	李文炳	菲律宾	晋江围头	15万	47公里	47万银元
同美	陈嘉庚	新加坡	同安集美	25万元	20公里	25万银元
鸭杏	黄简卿	缅甸	惠安东园	5万元	7公里	10万银元
同溪	陈仲赫	缅甸	同安杨宅	10万元	31公里	31万银元
石永蚶	蔡培庆	菲律宾	晋江石狮	不明	20公里	20万银元
石东	蔡孝忍	菲律宾	晋江大伦	16万元	21公里	21万银元
泉溪	王尚玉	缅甸	南安丰州	15万元	21公里	21万银元
泉秀	吴记霍	菲律宾	南安诗坂	11万元	11公里	11万银元
溪安	林清玑	菲律宾	晋江割州	28万元	34公里	34万银元
巷南	洪春如	安南	同安东坑	不明	35公里	35万银元
安溪	黄士简	印尼	安溪官桥	50万元	84公里	100万银元
水石莲	郑明新	新加坡	南安石井	不明	20公里	20万银元
灌銮	庄文泉		同安灌口	不明	8公里	8万银元
合计					458公里	496万银元

民国闽南筑路自营的汽车路公司

犹如雨后春笋，掀起一股华侨投资交通运输业的热潮。

溪安民办汽车路公司系 1926 年由许经权（旅菲，龙湖檀林籍）在菲律宾发起创办，股东有许经权、林文聘（旅菲，石井奎霞籍）、詹孟衫（旅菲，永宁港边籍）、苏其昌、许经果（旅菲，龙湖檀林籍）、许经撒（旅菲，龙湖檀林籍）、许经黎（旅菲，龙湖檀林籍）等华侨，皆为一时富商。初由许经权任董事长，选出林清玑（旅菲，内坑葛州籍）、许昌濬分别任正、副经理，负责具体实施。聘请工程师雷文铨（南安

雷文铨像（雷晶晶/提供）

溪安民办汽车路股份有限公司用笺

逕启者本公司自官桥至溪仔尾全线终点工程经客岁春间开临时董事会议议决继续建筑积极进行以竟全功现在全线工程业经告竣通车营业前途可抱乐观惟所需工价浩大虽续收股款不敷尚巨均系张罗挂欠刻下工程结束工人欠款待发急不容缓亟须鸠集应付兹订国历七月一日假座厦门大同路苏其昌瑞芳参行内开股东大会讨论本公司一切重要事宜并正式成立董事会及此次工程报告书暨用款挂欠数目设法筹济届时务希拨冗准临倘有因事未能出席者请付委托书推派代表出席事关重要幸勿自己放弃股东权利是荷

此致

许经撒股东先生台鉴

溪安民办汽车路公司临时董事会启

溪安民办汽车路股份有限公司用笺

图云：

径启者：本公司自官桥至溪仔尾全线终点工程经客岁春间开临时董事会议，议决继续建筑，积极进行以竟全功。现在全线工程业经告竣通车，营业前途可抱乐观，惟所需工价浩大，虽续收股款不敷，尚巨均系张罗挂欠。刻下工程结束，工人欠款待发，急不容缓，亟须鸠集应付。兹订国历七月一日假座厦门大同路苏其昌瑞芳参行内开股东大会，讨论本公司一切重要事宜，并正式成立董事会及此次工程报告书暨用款挂欠数目设法筹济。届时务希拨冗准临，倘有因事未能出席者，请付委托书推派代表出席，事关重要，幸勿自己放弃股份权利是荷。

此致

许经撒股东先生台鉴

溪安民办汽车路公司临时董事会启

人，留英爱丁堡大学）、工程员陈文通（惠安人，雷文铨学生）负责测量勘察路线等一切工程。溪安民办汽车路公司自行购地，筑路规划建设自安海新街头经南安官桥至溪仔尾（今南安市区溪美），即"溪安车路"。溪安民办汽车路公司是继泉安公司后，安海另一个较有实力和社会影响力的侨办汽车路公司，对沟通晋江、南安二县乃至山区安溪、永春、德化的交通起到带动作用。

据 1932 年 10 月 20 日的溪安公司股权表，可知许经权执有 800 权，蔡红绫（许经权妻，石狮玉浦蔡枢南次女）1000 权。股东 58 人，股权 8395 权。其中檀林许氏宗亲股东十几人，有许书楚 500 权、许书表 500 权、许经果 344 权、许经撤 300 权、许经黎（许经权弟）100 权、许书城 100 权、许文檀 100 权、许志兑 50 权。

万事开头难，且时局气氛已十分敏感微妙，环境复杂多变。溪安车路计划由安海西宫六阁作为起点，开工伊始，泉安公司突派护路队数十人前来阻拦开工，两公司之间爆发路权争执。正逢溪安公司行政机构尚未健全，许经权虽是董事长，但多处海外，不谙地方世故，具体事务由公司经理负责实施。据许书亮《我的回忆》记述，当时林清玑长时间奔波于各乡村洽购土地、处理开路等工作，身体不堪重负，碰到阻梗横生，感到力不从心，顿生消极引退之意。另许昌濬忙于菲律宾事务，一时之间部分股东对溪安公司前景感到渺茫，萌生抽身而退之意，溪安公司有胎死腹中之忧。后经逐级上诉，1928 年 5 月 25 日福建省政府发文，云：

晚年许书亮（晋江市图书馆/提供）

溪安民办汽车路股份有限公司第一届股东一览表

股数	姓名	股额		股数	姓名	股额
1	蔡红坡	1000		30	王陈诸	100
2	许经挺	800		31	高标委	100
3	许書表	600		32	许書致	100
4	许書见	350		33	许書龙	100
5	杨文镶	500		34	许書精	100
6	陈林荃	350		35	池高库	100
7	许坡果	304		36	许書参	83
8	许经城	300		37	许惠合	78
9	黄清树	300		38	柯城办	50
10	许秦祥	250		39	林荣吕	50
11	许秦衡	250		40	许志元	50
12	唐孟杉	250		41	高武腾	50
13	陈播戈	250		42	马简芬	30
14	林文懷	200		43	蒋吴符	24
15	苏真言	166		44	许经悦	27
16	许昌济	115		45	欧进书	25
17	许坡荣	100		46	颜大杨	25
18	许坡和	100		47	吉部香	25
19	许書路	100		48	林杏见	26
20	许有城	100		49	高议令	25
21	许文垣	100		50	林文街	25
22	许文冗	100		51	张金铜	25
23	林清戈	100		52	许杜映	23
24	林始埭	100		53	加安公斤	20
25	陈成联	100		54	许金约	19
26	陈荣木	100		55	游義和	14
27	许以坡	100		56	杨长钦	12
28	陈泽邱	100		57	公记公司	10
29	陈成和	100		58	合少月	5

附言：陈据本公司股東權第二章第十二條之規定一百股以上之股東方可為股東

中华民国二十一年十月 二十 日

1932年10月20日，溪安民办汽车路股份有限公司股东一览表

"……至溪安一线，当时泉安公司虽亦声明拟筑，但以得拖延日久并未实行。既经林清玑向前泉州公路处呈准承筑并经前泉永区公路委员会呈报前，省公路委员会有案而泉安公司董事长陈清机前任晋江县县长，时又为之出示保护，可知此线在泉安公司久已放弃，近日更不得借词争执，自应由林清玑迅速照章备齐手续呈请领办，以昭平允……"

出师不捷，阵前换将。幸许经权有伯乐相千里马知人善任之能，获得安海知名人士许诗文（许书亮之父）的鼎力支持，以"父危速归"为由，急电诓回身在上海志在赴法留学的许书亮，力促他临危受命。

据许书亮回忆，当时他放下上海法政大学的学业归乡的消息惊动了泉安公司创始人许卓然。许卓然一度到家造访，提出两点意见：（1）许书亮应该继续入学深造，政府可以负担其学费；（2）溪安公司要筑路，董事长应该先将资金存在厦门顺庆钱庄，以供筑路之用。其意在使溪安公司停办。此举反而激起许书亮的好强之心，经考量决定接下溪安公司经理一职。

1927 年，为确保修筑车路顺利进行，溪安公司及时做了人事调整。许书亮任经理（1930 年改任总经理），全权负责溪安公司修建安海至南安的车路事宜。聘任站长鲍天祝，司库蔡孝旺、张子獭，售票许书远，秘书俞少川，账务蒲益三（清末安海末任海关关长），事务高文伟。选

钧府迅赐捐令俾便饬遵实为公便护呈

福建省政府

公牍

呈复省政府海马干路己经与泉永公路分局与工开筑溪安支路间林清瑇承筑并缴图费表由　中华民国十七年五月二十五日

呈为呈复事案奉　钧府训令开德泉安民办汽车路公司叶事长陈清瑇呈称民国八年组织公司修筑泉安路线经照例备具章程图书

1928 年 5 月 25 日省政府关于溪安公司的公牍
（陈冬挺／提供）

聘归侨黄振金（旅居新马，惠安东园籍）、林金火（旅居印尼，安溪籍）负责机修。购买美国福特汽车，招聘东南亚归侨司机。为集中财力物力用于筑路工程，车站及公司办公用房决定暂盖木板屋使用。《晋江市志》卷十记载，溪安公司原投运货车2部、客车4部，客货兼营。

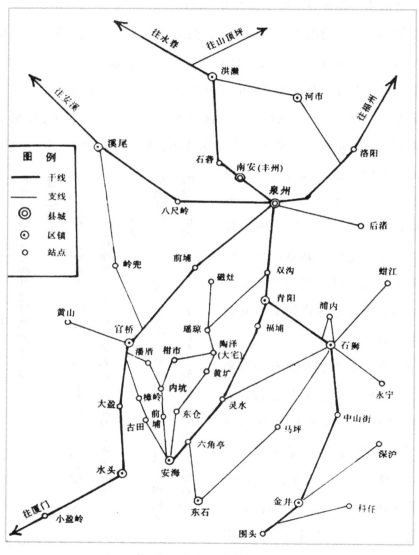

1933年,晋江县公路建设情况示意图

一切准备就绪，溪安公司招用温州籍工人2000余人，由领班王盛超、方继霸带领，全线分段同时施工，分别为第一段：安海—官桥；第二段：官桥—岭兜；第三段：岭兜—黄龙；第四段：黄龙—溪尾。

安海乃是当时泉南唯一能停靠厦门汽轮的码头，是泉厦间的主要交通枢纽，而溪安车路则是沿海通往南安内地的主干道，其中梅花岭是必经之路。

梅花岭横卧于南安市官桥镇，历来被视为内陆山区与沿海的分界线。以岭北榕桥、溪尾、东田、英都等地为上南安（内陆），以岭南石井、水头、官桥等地为下南安（即沿海地区）。梅花岭地势险要，"一夫当关，万夫莫开"，自古是盘龙卧虎之"呼啸山庄"。

溪安公司的路线深入内陆，一路山峦拱列，地势险峻，梅花岭横亘其中，开辟新路得凿石开山，工程极为浩大。梅花岭石头多为松散石灰岩，当时并无先进的开山作业工具，只能徒手使用铁钎、铁铲，一块块敲击，需愚公移山般的意志，肩扛臂挑一筐一筐的土石，如蚂蚁搬家。当年山中时有瘴气发生，疫疬蔓延，许多远道而来的工人都病倒了。时逢六月酷暑，工人口渴，没有卫生意识，直接取饮山泉水，导致一大批人相继得病。还有因开山炸石，被石块击中而受伤的。虽经医生极力治疗，大部分人康复，可惜先后仍死亡110多人。溪安公司除了购买棺木安葬等外，另付抚恤金300银圆给死者家属。可见，施工过程中付出极其高昂的代价。

1928年通车至官桥，1929年9月28日通车至白垵，虽障碍重重，但工程进度仍按原计划完成。

时泉安公司为业界龙头，亦为溪安公司的竞争对手，在溪安公司全面开工以后，其另开辟海八路，计划从安海东北方向打通安海至溪尾一线，通过绕过八尺岭打通上下南安。时泉安公司经理吴警予认定以当时的技术和工具，难以开通梅花岭。他另辟海八路新径，这就形成了两条汽车路并

史海钩沉

行竞争开拓的局面。

　　溪安公司对此种恶性竞争行为进行上诉。当时省公路局局长樊宗埠、泉州公路局局长叶道渊均表同情，几经调停斡旋，终无结果。直至打通了梅花岭，溪安车路指日即可通车，泉安公司虽已从安海开路到八尺岭，但也就自动宣布停工。

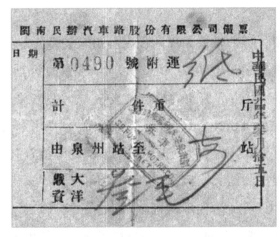

闽南民办汽车路股份有限公司票据
（张庆晖/提供）

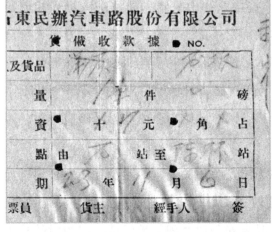

石东民办汽车路股份有限公司票据
（张庆晖/提供）

　　梅花岭车路打通以后，适福建省当局决议要统一全省路政。在此幌子之下，欲发行省债收买侨办、民办之车路，泉安车路及溪安车路亦列其中。风传省防军欲收购溪安车路，引起部分股东和职工的忧虑。溪安公司是侨办企业，不隶属于任何军方派系。股东四处奔走呼号，舆论四起。泉安公司陈清机顾念投资华侨之利益，具书上陈执政当局：全省"政治财政均称僵局，军人收匪包捐，私植势力为能事……美其名曰统一全省路政，以毫无信用之省债，强迫威吓收归孱弱华侨所办之汽车公司。我先总理规定：建筑道路政策有省路、县路、干路、支路，及官办、地方办、民办之分别，分工努力，以促进实现"。以省债收归之事，华侨群起反对，后来省防军陈佩玉团长亲自来安海辟谣，并提出自己要投资5万元以示支持，风波才渐息。

1932年6月14日，安海发生虎疫（霍乱），蔓延一个多月，周边乡村村民因病死亡200余人。同年7月23日，溪安车路全线通车至南安县溪尾，长达30公里。另有由南安官桥起修建支路经黄山入东田二十九都至英内，长20公里，共50公里。

1935年8月23日，溪安车路几座木桥被土匪故意焚毁，交通断绝，11月10日交通才恢复。

据1934年溪安公司资产统计修路成本，土方91299元、石方31165元、桥梁22070元、涵洞30912元、汽车50369元、建筑62681元。至1938年，溪安公司拥有汽车10多辆，从业人员40多人。

抗战爆发前，晋江客运由9家民办公司分别经营，除溪安、泉溪、安黄3家公司通向邻县外，余均按县境内各自修筑的路段运行。由于各自分段经营，互不衔接，造成长途客商辗转十分不便。1932年7月，各公司成立闽南汽车路公司联合会，议定同意联运业务，但车次衔接及连线同行仍未能根本解决，票价也互有差异。

由于社会动荡不安，运营客源不足，1935年溪安公司月均营业收入仅2000余元。1937年，在日军占领厦门前夕，董事长许经权出于时势危局考虑，举家迁往菲律宾。

1938年5月，厦门沦陷。6月，泉州驻军钱东亮部下令凿沉停泊在石井港的3艘轮船，以堵塞海门航道，防止日军舰进入安海港。为防止日军的坦克及车辆通过，继续入侵，泉安、溪安车路均被深掘成Z字形，沿海一带车路进行全面自毁。至1939年初，晋江县境内的主要车路均自毁。除泉安公司内迁外，其他公司或转卖或停止经营，部分汽车被军队征用或

转移至内地。

1949 年后，民办运输公司先后改为公私合营，1956 年全部收归国营，私有的车路成为公路。溪安车路由国家出资修复，恢复通车。时至今日，梅花岭一线仍是南安溪尾连接官桥、水头的主要通途。

交通运输事业之兴办，对地方的经济、政治、文化、军事，以及其他方面均极重要，这是当时关心家乡建设事业的华侨所关注的。但交通运输事业牵涉面很广，创办与经营均比一般经济事业困难，爱国爱乡之旅菲华侨创办溪安公司，修筑公路，为家国做贡献，断非政府一时所能办到。有鉴于此，许经权、林清玑、许书亮诸人集巨资组织公司，开拓溪安车路，助政府之不及，促地方之交通，一举数善，为千秋功业。

参考资料：

① 晋江市地方志编纂委员会编：《晋江市志》，上海：上海三联书店，1994 年。

② 桢淳：《福建早期侨资汽车公司及其贡献》，《侨园》2001 年第 2 期。

③ 晋江市安海商会编：《安海商会志》，作者自印，2013 年。

④ 许书亮：《我的回忆》，作者自印，1995 年。

福林古村之百年油画

　　自从事福林古村保护工作以来，尤其是从 2017 年开始，差不多每天我都腻在福林村里，有事没事，就在村中的老房子里瞎转悠。村里很多老少都认识我，经常主动、热情地与我打招呼，仿佛我就是邻家兄弟一般。参观老房子，房东竟让我在里面自由地左瞧瞧、右瞅瞅，丝毫不防备。住在书投楼的许先生一家更是经常被我或我带来的访客所打扰，长时间不厌其烦，一如既往地热情接待，提供免费的茶水，让我受宠若惊。

许逊沁故居之百年油画（福林村委会/提供）

在福林古村传统皇宫起老房子中，保存比较好的就属下大厝和书投楼。这些老房子里面的一些老物什藏于民众之间、日常生活里，习惯了，便普通了，他们便不觉得其贵重、特别了。

在下大厝的正厅（又称"麟族堂"）上挂着一幅画，画上是旅菲先贤许逊沁一家人。画中许逊沁正值壮年，头戴红缨斗笠帽，一身黑色马褂打扮，意气风发；两个男孩，一个十岁许，另一个十六岁许，身着西服；左边是一位雍容华贵的妇人（应是许逊沁夫人），两个女孩在她两旁，也是西式打扮。

仔细一看，这幅画是油画。我问村中老人这幅画作于何时，他们只说这幅画在他们孩提时就已经挂在那里了，是百年古画。我便去请教耆老许天化先生，这是位年近九旬的老人，人称村中"老知事""活化石"。他告诉我，据传许逊沁在菲律宾时曾娶一位土著妇女为妻，生育了两个男孩、两个女孩。1850 年归国后又娶妻，并又养育了六个男孩。这幅画反映的应该是与菲律宾籍妻子及其子女的生活场景吧。

许逊沁从菲律宾归国后，成为富甲一方的名乡绅，并随时之所兴，向清政府捐官，为翰林院主簿。清咸丰二年（1852 年）捐助养生堂（安海育婴堂），泉州正堂嘉立"诚心保赤"巨匾。按画中的人物年龄估算，这幅画应该是许逊沁回国不久后请画匠所绘，即 1850—1860 年之间。

《晋江县檀林国民风俗改良互助社社章》之发现

2019 年 7 月，人们在檀林村书投楼整理旧物时，意外发现《晋江县檀林国民风俗改良互助社社章》一册。这本小册子刊印于 1940 年，32 开竖版，8 码，铅版印刷，除纸张显旧之外，品相完好，翔实地记载了檀林国民风俗改良互助社的组织缘起、工作计划及简章等，再现了一段尘封的历史。

一、风俗改良互助社成立的时代背景

20 世纪 30 年代初期，世界经济不景气，南洋各地商贸形势低迷，地方外货充斥，农村经济破产，物价飞涨。其时，闽南侨乡奢侈之风盛行，晋江尤甚；晋江区域内，晋南尤甚；晋南区域内，龙湖尤甚。"每逢婚丧喜庆，无不极力铺张，以博旁人之赞美为荣。富者挥霍创于先，贫者勉强逐于后。"据落陀先生《泉南杂录》载："……乡土人情略有差异，而竞尚奢侈，大体相似，北部（钱江、衙口、南吴、三乡许四族）比南部（公益社、十一都、英林、寮内四区）尤为厉害。盖北部比南部富庶。每逢婚嫁，男家办盘礼品，动辄三四十担；女家妆奁，亦足一二十担。余如三日煎粿，大都十担起码。而生男育女的糖豆、油饭、送庚、周岁煎粿，以及各项应酬礼品，数字亦均甚惊人。"乡人虽受害，"但乏相当之组织，势孤力微"。

早在 1934 年夏，晋南地区就曾组织成立衙金深风俗改良会，范围包括现在的龙湖、金井、深沪、英林 4 个镇。该组织发轫于金井，是年 9 月 8 日在毓英学校礼堂举行成立大会，通过章程，11 人为主委，其中有龙湖籍吴修己、吴天德（南吴）、施硕谋（前港）、许志猛（石龟）；候补执委 5 人，监委 3 人，候补监委 1 人。成立之后，响应者遍布 200 余乡，人数足 10 万。1935 年农历正月初六日，该会召开第二届各乡代表大会，通过设立施、吴、许分会，3 个分会的主要负责人皆为龙湖籍人士。只可惜该会因经费、人员及其他原因，只存续一年左右的时间便停止活动。

二、基于风俗改良、救贫济弱愿景的立会理念

檀林国民风俗改良互助社由许经韭、许自基、许自卓、许书申、许书交倡议组织。经 4 个多月的筹备，于 1940 年农历二月二十八日在檀林村许氏大宗祠召开成立大会，并推选第一届职员。准予加入该社的社员计 70 多人，包括 70 余户，对象都是有资产之青年及商人，以归侨为多。登高一呼，众心响应，"可见在恶风陋俗之下，挣扎之艰，亟待改革，如望云霓"。社章中"组织"一节记载了该社顺应民心的创新之举。

简章中"总纲"第二条载："本社以联络一般纯粹青年及归侨之情感起见，借以此了革本乡之一切文化事业，并从事改良地方不良风俗，共趋俭朴为宗旨。"在"缘起"一节，也载有与创社宗旨有关的文字，如"以发挥互助之精神，救贫济弱，从事革除乡中之恶习"。

在"工作计划"一节，则能发现该社的三大主旨，即革除奢靡、优恤贫穷和设立文化场馆。革除奢靡方面，包括婚丧喜庆活动中的"革除社员间对丧事之挥霍""对婚事之改革……公订取缔一切不合法之奢侈费，如设宴及担盘等""取缔社员对胜迹日及普度之演戏及设筵"三类。举措如

下："先由社置各种丧事要用之丧仪（为五色幡、红白彩牌、大鼓、棺罩等计二十余件，对丧事之要用物，真是无所不备也）"，"先由社置花轿及关于社员对婚事要用之礼物，以节省社员无谓之开支"。针对"胜迹日"及"普度"活动的铺张浪费，该社创设图书馆及体育场，以培养先进文化的方式取代乡民的传统陋习。从三年工作计划中，可以窥见该社的工作富有针对性、计划性。

三、职员组成及其他信息

该社理（监）事会19名成员中，菲律宾华侨1名（即许经韭，任理事，菲蜂牙丝兰省华侨抗敌分会主席）；侨商6名，本地商人8名，在全部理（监）事会成员中占比高达74%；理事长则由毕业于晋江私立学校培元中学，曾在养蒙小学（檀声小学前身）等校任教职员3年的檀林街市政会副主席许自卓担任。

檀林村是闽南著名侨乡，有"银檀林"之美誉。20世纪30年代，檀林旅菲乡贤许友超以菲律宾中华商会理事长身份出任厦门市首任市长，许经撇任菲律宾华侨善举公所理事长，还有众多其他乡贤活跃于菲华社会。此时的檀林村作为晋南侨乡的代表，组织成立了风俗改良互助社，具有示范性意义。

针对立会宗旨及工作内容，该社理事会下设6个工作机构，即宣传股、总务股、稽核股、文化股、文书股、风俗改良股。简章第十八条规定了各股职权，其中风俗改良股的职权为："凡本社之社员，对于婚丧与喜庆有庞大之花费，及其他有奢侈行动之开销，均绝对禁止。应遵照本社所规定之社章，然后按部就班，推进于全乡及整个社会。"此条规定，体现了其改良风俗的方法和步骤。

可惜我们不能从社章中看出更多风俗改良互助社的工作细节及社会

史海钩沉

效益，然而对于至今尚存于晋南一带的铺张陋习，它仍有积极的劝进意义。

附：

晋江县檀林国民风俗改良互助社社章

缘 起

溯自抗战以还，物价之昂贵已达极点，乡人奢侈之陋俗有加无已。每逢婚丧喜庆，无不极力铺张，以博旁人之赞美为荣。富者挥霍创于先，贫者勉强逐于后。好胜之心人皆有之，无如货价之胜贵，日入已不供出，各人肩上之衣食重担已觉吃力，何堪再为奢侈，以添负担？此种利害，乡人虽有感觉，但乏相当之组织，势孤力微。觉悟有心，改革无务；富者不肯揭橥为乐人之模范，贫者又恐为罪魁，勉力应付，以致长此因循。坐观乡人之日蹙，殊为非是。同人等有见及此，爰特由许经韮、许自基、许自卓、许书申、许书交倡组晋江檀林国民风俗改良互助社，以发挥互助之精神，救贫济弱，从事革除乡中之恶习。无论贫贱富贵，如能遵守本社婚丧之规约，皆可自愿加入本社为社员。先从社员提倡入手，则推进于整个社会，务使贫富免受其牵连。由小及大，由近及远，转移风气，创新生活，其对国计民生未始不无小补焉。

工作计划

本社以事关将来乡中之福利，特定订社员陋习三年消灭计划大纲。第一年为革除社员间对丧事之挥霍，先由社置各种丧事要用之丧仪（为五色幡、红白彩牌、大鼓、棺罩等计二十余件，对丧事之要用物，真是无所不备也），如此则可减轻社员之负担。并定社员之优恤办法，以示优恤，而救济贫穷之乡民及本社之社员（对丧事并禁止设宴演戏等）。第二年为对婚事之改革，先由社置花轿及关于社员对婚事要用之礼物，以节省社员无谓之开支（并由社公订取缔一切不合法之奢侈费，如设宴及担盘等。关于此项办法，当另定之），以本社社员先为倡导，然后按部就班，推进于全乡及整个社会。第三年为取缔社员对胜迹日及普度之演戏及设筵，并积极振兴乡中之文化，如设立社员业余图书馆及体育场，以为社员正当之消遣。

组　织

本社经四月余之筹备，卒于民国廿九年古历二月廿八日，假许氏大宗开成立大会并推选第一届之职员（列表附下）。准予加入本社者计七十余人，包括七十余户，皆为有资产之青年及商人，归侨为多。申请参加之踊跃，为历来未有之现象也。可见在恶风陋俗之下，挣扎之艰，亟待改革，如望云霓。是以本社登高一呼，而众心响应焉。

晋江县檀林国民风俗改良互助社简章

第一章　总纲

第一条　本社定名为晋江檀林国民风俗改良互助社。

第二条　本社以联络一般纯粹青年及归侨之情感起见，借以此了革本乡之一切文化事业，并从事改良地方不良风俗，共趋俭

朴为宗旨。

第三条　本社社址设晋江第三区檀林街。

第四条　本社以户为单位，如该户平日不作越轨行动，并从事实产者，得派该户青年一人参加本社组织之。

第二章　社员

第五条　如愿意加入本社为社员者，须始终拥护本社之社章，服从本社之决议案。

第六条　如欲申请加入本社者，须经本社社员之介绍，并经社员大会决议通过后，即正式宣誓入社为社员。

第七条　入社之社员如有不法行为，借生枝节，妨碍治安者，情节轻者以记过惩戒之；情节严重者，以开除社籍论处。

第八条　入社之社员可得本社各种优恤（优恤办法另订之）。

第九条　凡加入本社之社员，均有选举权、被选权、建议权、复决权。

第三章　组织

第十条　由社员大会选举理事十四人、候补理事四人、监事四人、候补监事四人。

第十一条　理事中推出常务理事二人，以下分设各股长，即以理事会选任之股员若干，由社员兼之。

1.宣传股：正副股长各一人，股员若干。

2.总务股：正副股长各一人，股员若干。

3.稽核股：正副股长各一人，股员若干。

4.文化股：正副股长各一人，股员若干。

5.文书股：正副股长各一人，股员若干。

6.风俗改良股：正副股长各一人，股员若干。

第十二条　由常务理事互推理事长、副理事长各一人，处理社中日常事务。

第十三条　监事中互推主任监事一人。

第十四条　理事会斟酌创设分支社。

第四章　职权

第十五条　本社以社员大会为最高机关大会时，社员得提议、决议，并选举理监事；闭会时，权能则属于理事会。

第十六条　理监事以二年为任期，期满连选可得连任。

第十七条　理事长、副理事长应常住社中，主持一切社务，支配各股工作，以应付各项事宜。

第十八条　各股职权如左：

1. 宣传股：掌理印刷、出版、讲演等事宜。

2. 总务股：掌理社中会计、财政及布置等事宜。

3. 稽核股：掌理稽核社员入社之资格。

4. 文化股：掌理本乡教育之兴革事宜，及设立社员图书馆、社员体育场，以为乡民之业余正当消遣娱乐。

5. 文书股：办理往来之文件及对外之阅文告。

6. 风俗改良股：凡本社之社员，对于婚丧与喜庆有庞大之花费，及其他有奢侈行动之开销，均绝对禁止。应遵照本社所规定之社章，然后按部就班，推进于全乡及整个社会。（本社创设各种简单朴素之婚丧礼仪，以本社社员先为提倡。）

第十九条　监事会代表社员负责审理、审查理事会之议决案，而监事会之决议，应由理事会公布之。

第五章　会期

第二十条　社员大会每四月举行一次，由理事会择定召集，

史海钩沉

社员过半数始生效力，提议案件、选举理事、结束进支款项、公布经过情形。

第廿一条　理事会两月开会一次，常理会逐月开会一次，理监联席会每三月开会一次，皆由常理召集之。

第廿二条　社员中如发生特别事故，应向常理会报告；若认为必要，则由常理会召集临时会议。

第六章　经费

第廿三条　凡欲加入本社为社员者，分甲乙两种。甲种为华侨，在厝加入者，须缴纳入社金五十元，常年捐五元。（在南洋各埠加入者由各分支社另订之。）乙种指在乡之乡民，须缴纳入社金二十五元，常年捐二元，穷寒者免收。

第七章　奖罚

第廿四条　凡努力工作、振兴社务、遵守约法、爱护规章等，则由本社理事会论功褒奖。

第廿五条　社员中若有破坏规章、违背约法、废弛社务、阻碍进行等，应由理监事会议论罪奖罚，但须监事会之通过，方得执行，以昭慎重。

第八章　附则

第廿六条　本规则如有未属事宜，得由社员大会提出修改。华侨通过后，并付职权给予本社，才有实施之必要。

第廿七条　以上各章条款由社员大会通过后，于三十年二月廿五日正式施行，并呈报晋江县党部暨新生活运动促进会备案。

经宣誓入社之社员列下（第一期）：

许经韭　许书交　许自基　许经赞　许经仅　许书宾

许书枪　许申智　许书进　许书申　许经铜　许书旭

许自起	许经魁	许书柿	许书太	许自字	许自鉴
刘贤等	许金榜	许自树	许自节	许自烈	许经忠
许书周	许经歪	许经贤	许经电	许自凤	许自讫
许自盘	许自欢	许经锦	许自扣	许经谈	许书扶
许书裕	许自卓	庄友成	许文柄	许百卿	许书转
许书福	许书造	许承业	许书集	许玉泉	许书对
许志互	施教盾	施至辉	施学清	施天增	陈格水
杨位湖	刘与返	许自晃	许书巷	许仁祥	许书炮
许书拱	许自捷				

未宣誓准入社者列下（第二期）：

许经烟	郑永清	许书执	许文芳	许书池	许经论
许书投	许书三	许经菅	许书轩	许自六	许自五
许自品	许经教				

（本文为与吴谨程合撰）

记福林乡众的一次祈雨

　　龙王庙历来是官府与百姓求雨之所。据清晋江县东石蔡永兼《西山杂志》记载："湖之南，田亩毗连，皆仰于湖，湖之畔有龙湖亭，祀龙湖庙，为祈雨之地。"

　　《山海经》中有"应龙处南极"之说，应龙就是传说中呼风唤雨、专管雨水的龙王。在龙湖的湖心处有五六亩的平地，长着茂盛的水草，当中却有一丈见方不长水草之地，深不可测，当地人世代相传这便是龙湖的水脉，可直通应龙居住之所，人们称之为"龙井"。于是，人们便在湖边建造了龙王庙，塑像膜拜，每逢干旱成灾，远近的人们穿戴着白衣白帽，成群结队，焚香步行到龙王庙求雨。宋代名宦真德秀守泉时，曾作《龙湖祝文》传世，说每逢"岁大旱，贤守令皆躬祷焉。焚牒水上，有鱼虾迎牒则雨立至，无则雨未可知也……"。

　　据传，1946 年泉南一带久旱无雨，眼看就要颗粒无收，人们坐不住了，纷纷到福林寺祈祷。某日檀林乡约正（旧时地方基层组织的首领）许谭（谐音）称奉福林寺观音旨意，准备到龙湖亭龙王庙祈雨，令信众先一日斋戒，全乡村民七日内不准屠宰。翌日大早由约正带队一行数十人，着素服，手执白旗，一跪三叩，到檀林城隍庙请出玄天上帝，焚香步行到龙湖亭边，改为行二跪六叩礼，频呼"皇天乞雨"，一路呼喊不绝，至龙王庙前。

祈雨仪式本身很繁杂，多是泉州知府带队前来，这一次是乡村自发而来，只见：庙祝伐鼓十二声，上三牲供品于案上，唱鞠躬、再拜、平身，约正以下皆鞠躬、再拜、平身。约正诣读祝文，跪，庙祝读祝文曰：

　　维　月　日，檀林乡许某等致祷时雨于五土之神、五谷之神，皇皇上天，照临下土，集地之灵，神降甘雨，庶物群生，咸得其所。惟神俯从民愿，某等不胜瞻望，哀恳之至！

祝毕，唱鞠躬、再拜、平身。

一大堆的繁复仪式完成后，看天空并无异动，遂向龙神求签，请示降雨日期，讨得第十六首，原文如下："有路莫撑船，坦途最乐天。前程当富贵，福禄职高迁。"据解签者说，下雨日期要等到十月间，因为他将首字"有"拆成"十""月"二字解，距当时还有一个月左右。再乞，四个人抬扶城隍神轿，直扑湖心，奇怪的是人和神轿并未遭没顶。轿回旋，神轿上附一个石卵，大家不知其意，信众垂头丧气，也无可奈何，便取龙湖水归。途中碰到一牵骡的老汉，老汉称："莫急，莫急，龙王灵验。"

在归途中，福林寺庙祝见上空一团乌云从远处飘来，便从路旁农夫手上借来一个篮子，象征性地用手往上抓几把乌云放进篮子，并向乌云一阵祷告。

回到福林后，信众虔诚地将取来的龙湖水与附在神轿上的石卵端放在福林寺神案之上，焚香供奉。巧合的是，当日下午檀林上空便下了一场倾盆大雨。

纸糊的"大厝"

在泉南，有一种主要用彩纸和竹篾制成的"大厝"，"经不得风，见不得雨"，这是民间传统祭奠仪式中的重要用品。

泉南民间崇尚古人死后灵魂不灭的观念，既遵行儒家倡导的孝道，又

纸糊的"大厝"

盛行鬼神迷信。若某户有家人往生，"事死如事生"，家属便请民间扎纸匠到家中为死者糊一冥厝，俗称"糊纸"，随后借宗教仪式烧化，作为往生者在冥界的住所。闽南传统的丧礼也是渊源于周礼的。社会风气以大操大办丧事为孝，不如此为不孝；丧家也以为不如此不足以表达自己的悲哀，不能体现自己的遵礼尽孝之心和无法求得逝者灵魂的保佑。大户人家更借丧事办理之机，炫耀门楣。

本文中的这张老照片摄于 1955 年，系龙湖檀林许经撇出殡仪式留照纪念。由照片可知当初工匠参照时兴的洋房大厝式样，竹制纸糊，运用糊、扎、绘、雕、折、写等功夫，搭两层冥屋大厝，高度约 3.5 米，宽度 2.5 米，有正厅，有边厢，有楼，有庭园，有数名丫鬟家丁，一切都很精致完备，可见丧家希望死者能在阴间地府继续得到供养。据耆老介绍，如此宏大的冥厝实为罕见。

从照片可以看出，制作此冥厝的工匠扎纸技艺精湛，若今人制作也难出其右，纵盖世之风华，最终也落一地灰烬！

史海钩沉

107

遗址撷拾

记檀林渡槽

"没有建筑，我们就会失去记忆。"

晋江龙湖镇福林村东侧有条水渠，人称"檀林渡槽"，从北向南，凌空而过，横跨阳溪两岸，如飞龙一般，气势雄伟壮观，成为福林古村一道亮丽的风景线。

檀林渡槽全长890米，为钢筋混凝土"U"形薄壳结构，所使用的条石材料大部分取材于当地花岗岩，建设跨度为11米，槽身距地面最高的

檀林渡槽（黄文灿/摄）

高度为 13.5 米，桥孔 51 个，其中拱形 10 个，设计流量 2.6 立方米每秒。

檀林渡槽是晋江农业发展历程中具有强烈时代印记的历史见证。当时的晋江县境内水资源贫乏，多年平均值为 5.5908 亿立方米，其中地表水 4.9639 亿立方米，每平方公里产水量 69.1 万立方米，属于贫水区。为了改变水资源不足的困境，先人做了很多努力。

据载，晋江县曾发生过 107 次旱灾。1917—1949 年县域曾发生 7 次旱灾。其中 1943 年，"春耕时久旱不雨，沟、渠、池塘干涸，田园龟裂，农作物几近枯死"；1946 年，"闽南各地春旱无雨，沿海赤地千里，晋江田园龟裂，早稻无法播种，农民惶惶不安"。

中华人民共和国成立后，1950 年 4 月 22 日，晋江县政府成立六里陂农田水利管理委员会，拉开晋江兴修水利设施的序幕，一批以灌溉为主的池塘、水库、深井、灌渠纷纷落成。1964 年，中央号召"农业学大寨"，触动了晋江人解决水资源不足问题的心弦。1966 年，为了解决泉州南部区域干旱灾害问题的泉州市新华电灌工程开始动工建设，在晋江干流设置金鸡拦河闸引水枢纽，水源为"泉州大水缸"山美水库。

1972 年全省最大的灌溉水库——山美水库建成。1974 年 6 月，晋江县委为解决龙湖地区 4 万亩农田的用水问题，经福建省水利厅批准，在石狮、龙湖投入财力物力，建造一条从狮仔山电灌站通往晋东南的灌溉水渠，勘测选定在大仑地界连接彭田加曾寨，直通龙湖西部农村。工程历时近一年，于 1975 年 4 月竣工，形成新华电灌站渠系南北走向的配套工程，将金鸡渠的水引导到晋南，沿着檀林渡槽源源不断流到田间地头，受益面积 5.05 万亩。

当时，晋江县委发动水利部门，在石狮镇组建渡槽建设指挥部，动员了全镇的力量，包括抽调龙湖周边的农村劳力，组成一支支建渠大军，浩浩荡荡地开进施工现场。指挥部调来 25 辆运输车、8 部 45 匹丰收牌大型

20世纪80年代的檀林渡槽（福林村委会/提供）

拖拉机，日夜抢运石料。工地上时常呈现一辆辆装满条石的手扶拖拉机排成长龙，等待着检验员验收的景象。各个施工队（也称"突击队"）争分夺秒，热火朝天，场面非常感人。工地上没有大型的机械设备，要在拱高10米以上的空中进行浆砌条石，依靠的是人的肩膀和一个大拱形木架在高空作业，其艰难和危险程度可想而知。然而，在当时"农业学大寨"热潮的推动下，人们凭借战天斗地的顽强意志，战胜各种难以想象的困难，使得千米水渠腾空而起，创造了福建省水利建筑史上的奇迹。

1990年，泉州遭遇多次台风灾害，特别是受5号台风袭击，檀林渡槽受损严重。而且由于阳溪下游非法采河砂导致河流砂石不均，最终阳溪水流冲垮渡槽柱墩，槽身掉落，渡槽

檀林渡槽断裂端（福林村委会/提供）

断裂。灾后，水利部门立即组织修缮，水泥砂浆打基础，钢筋混凝土重建柱墩，重新撑起渡槽。两种不同材质的柱墩互相对话，恰好展现了不同历史背景下建造的历程。

随着改革开放步伐的加快，农民慢慢离开土地，投入第三产业，檀林渡槽变得不再那么重要，最终彻底废弃停用。

檀林渡槽成为伫立在田野的孤独者，知道它的人，常常提起它的"孪生兄弟"——大仑渡槽，它们是同一个年代建造的同一条水渠的不同段。

10多年前，曾有一条水渠从石狮的狮仔山直达龙湖镇区域（现石狮市服装城东侧），为石砌肋拱结构，呈凌空状，输水渠道飞架在大仑和钞坑新墩（自然村）之间，俗称"大仑渡槽"，是20世纪70年代福建省水利工程标志性建筑。

据载，大仑渡槽全长2.2公里，57个石拱，设计输水能力4.35立方米

大仑渡槽（卢俊杰/提供）

20世纪70年代修建大仑渡槽场景（晋江城市展馆/提供）

每秒，拱高（最高处）13米，过流断面宽2.45米，水深1.5米。渡槽建成后，通水量最高峰曾达989.12万立方米，灌溉面积达5.25万亩，范围包括晋江、石狮等地多个乡镇，是当时全省最大的浆砌条石拱状渠道，一度见证了晋江地区那个火热年代人定胜天的辉煌成就。

20世纪90年代，大仑渡槽两个跨拱曾被水冲垮，随后泉州水利部门进行了修补。随着晋江、石狮经济发展，下游地区农业不再占据主导地位，渡槽也失去了作用，于1993年正式"退役"。在2010年前，大仑渡槽经过岁月锤炼，由于槽体老旧，裂缝以及部分石块脱落等因素，变为危槽。2010年10月29日，石狮市政府将它拆除，这条昔日的"空中水渠"便在我们的视线中消失了，完成了它的历史使命。

大仑渡槽被爆破拆除后，当年建设的渡槽和大部分沟渠已经被沿途的村民因建房或铺路等原因填埋，而残存在福林村边的长890米的檀林渡槽则成了见证这一地区"农业学大寨"唯一的历史建筑。

有关政府部门已经注意到了檀林渡槽的历史意义。2016年晋江市历史

黄文灿在东亚建筑史国际会议上介绍檀林渡槽（黄文灿/提供）

文化风貌区和优秀传统建筑保护管理委员会办公室将檀林渡槽列入晋江市优秀传统建筑保护名录；2018 年 2 月 9 日，晋江市人民政府公布了晋江市优秀传统建筑名单，共 29 宗建筑，其中就有檀林渡槽。檀林渡槽也引起了有关研究者的关注，厦门大学乡建社黄文灿就专门撰写了一篇论文，题为《通过对农业遗产的更新利用带动乡村旅游发展——以泉州晋江檀林渡槽改造设计为例》，并于 2017 年 10 月在天津市举办的东亚建筑史国际会议上做主题演讲。

相较于村落中的闽南传统建筑，檀林渡槽则直接呈现和展示农业在历史上对于村落的重要性，延续我们对农业历史的记忆，有助于我们理解过去与当代生活之间的联系。

屹立于农田之上的檀林渡槽述说着当年的经历，见证了村民的集体记忆，因而具备历史价值，这正是它不可替代的魅力所在。

参考资料：

① 黄文灿：《通过对农业遗产的更新利用带动乡村旅游发展——以泉州晋江檀林渡槽改造设计为例》，天津：东亚建筑史国际会议，2017 年。

② 福建省地方志编纂委员会编：《福建省志·水利志》，北京：中国社会科学出版社，1999 年。

③ 晋江市地方志编纂委员会编：《晋江市志》，上海：上海三联书店，1994 年。

遗址撷拾

古厝残记

笔者近几年经常流连于乡间老屋，对传统建筑萌生了兴趣。现在将收集的一些信息整理若干，以此铭记这些已经消失或正在消失的乡土建筑的特征。

一、六离门

福林春晖楼（洪国泰/摄）

六离门，民间又称"筛子门""格栅门"。以前民居大门外常安有双层门扇，前门扇为栅栏格的木门，后再加安一副坚固的大门扇。平时只将前门闩上，可防鸡犬入内，就是夜里也是如此，叫作"夜门不闭"。之所以叫"六离门"，源于闽南的一个传说：明末清初，原明朝蓟辽总督南安人洪承畴降清后，官封招抚南方总督军务大学士，衣锦还乡。到家后看到大门外的矮门关着，母亲坐在中堂，将他拒于门外，痛骂他为叛臣："母不以为子，妻不以为夫，子不以为父，六亲不认。"因此这种筛子门就得名"六离门"。

二、"六扇掀"

"六扇掀"，现已经不多见。上下门框中有凹槽，门板从其中穿过，这种门式原创于安海。20世纪初，安海遭遇两次特大兵燹掠劫，分别是1918年农历八月初三日和1920年农历二月二十六日，损失惨重。当年兵荒马乱，兵匪横行，安海的商户疲于躲避突如其来的兵匪，盖商户原有店门之窗枋，遇事匆促难以关闭，位于城隍宫口的藏山金铺首创了这种较为

衔口街某米铺之"六扇掀"店门（洪国泰/摄）

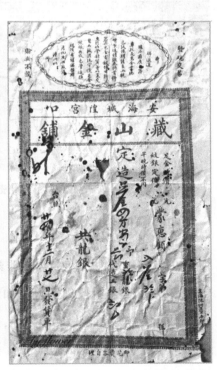

藏山金铺发货单（陈冬挺/提供）

坚固、开启又可大可小的店门，遇到突发事件可迅速关店。后被晋江其他地区商户借鉴，风靡一时，具有鲜明的地域性特征。近几年随着城镇化的推进，这种门已经鲜见。

三、"剪瓷字"门额

底板采用水泥"洗壳仔"（用有色啤酒瓶或碎瓷做原料，经破碎成颗粒、筛选，再和水泥浆抹平，半干时用喷雾器细心冲洗出效果）。打底完毕后，字则使用剪瓷雕塑成（取红色瓷碗敲大块，再依字形所需，用专用剪钳一点点剪至与配合的字体一样，然后用水泥粘贴在所需位置），上下额则用水泥堆成再精心雕塑。这个工艺属于闽台建筑风格的一项特色。

某民居之"剪瓷字"门额（洪国泰/摄）

四、"四快图"

在传统建筑中，许多构件雕刻人物典故题材，常常通过文学戏曲、历史故事的经典案例教化后人。如"三顾茅庐""文王访贤""五子登科""九世同堂""桃园三结义"等，主题多是忠、孝、节、义。然而"掏耳朵、打喷嚏、挠痒痒、抓虱子"（"四快"）一般被认为是很俗气的，甚至不雅的行为，却是晋江地区许多建筑雕刻采用的不一样的表现手法，如五

福林端园之"四快图"（许晓东/摄）

店市朝北大厝门前牌楼就刻有"四快图"。宋代刘克庄诗《四快图》诗云：

一人笕耳手不柱，一人坦背抓痒处。

一人理发虱禽获，一人喷嚏虎惊去。

余鼻久塞耳骤聋，虱无附丽头已童。

惟背负暄觉奇痒，麻姑之爪未易逢。

吾闻气泄如堤溃，枕高唾远道家忌。

且留眼读养生书，莫将身试快意事。

五、"憨番抬厝角"

福林养兰山馆的石墩上刻有"番仔"石像，青礁慈济宫大殿上檐西北角也有类似的雕刻。这种人物题材称为"憨番抬厝角"。先人以雕像寓意，如此雕像究竟有何缘由？

传说，某人绰号"老番角"，某日遇到匠师"起厝"，不懂装懂，指手画脚，批评匠师盖的房子哪里不对，哪里又不好，惹恼了匠师。匠师便将其形象塑在屋角及梁下，永远抬着沉重的屋顶。

福林养兰山馆之"憨番抬厝角"（洪国泰/摄）

六、竹叶诗

远观是幅画，近看是些字，再瞧是首诗。福林古村许逊沁故居的窗花可谓是令人"拍案惊奇"。

几年前不经意间发现许逊沁故居樨头厝窗花青竹组图里的竹叶片可拼成若干字，让我十分惊讶，可惜窗花残破，只剩寥寥几个字。"楼""吏""高"字比较清晰可辨，其他无疑是天书。然而泉州华侨历史博物馆梁春光竟破译出来了，原来是唐代李嘉祐《寄王舍人竹楼》："傲吏身闲笑五侯，西江取竹起高楼。南风不用蒲葵扇，纱帽闲眠对水鸥。"

福林许逊沁故居之竹叶诗窗花 （梁春光/提供）

七、牛皮绳

　　图中的这块牛皮，是一条牛皮绳的末端，原是某宗祠捆绑梁柱之用。成语"韦编三绝"，源自司马迁《史记·孔子世家》："孔子……读《易》，韦编三绝。"韦编指用熟牛皮绳把竹简编联起来。这是古人利用熟牛皮绳的最早记录之一。

　　牛皮绳的制作是一道复杂的工艺，大概过程是将牛皮煮熟，去垢，削平，晒干。使用

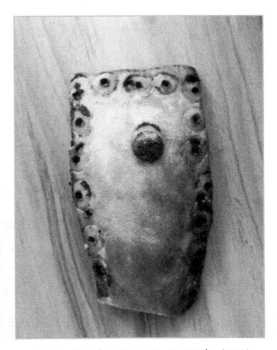

某古祠堂之牛皮绳小段 （洪国泰/提供）

遗址摭拾

123

前，先泡水，使之膨胀；使用时，拉伸，捆绕，用钢钉固定，日子久远，随着水分挥发，牛皮紧缩，将捆绑得更紧。

这是一种古老的技艺，现已不见工匠使用，这一条古老的牛皮绳成了历史技艺的见证。

八、山墙上的鹰

泉州侨乡许多番仔楼山墙上装饰着奇特的群塑：一个地球体上面站着展翅的鹰，地球体两侧陪护着双狮。

这种建筑风格是受到墨西哥银圆的影响。墨西哥银圆又叫作"墨银"或"鹰洋"，后讹为"英洋"，是指1821年墨西哥独立后使用的新铸币，它是从1823年开始铸造的。晚清至民国年间，外国银圆输入中国者，属墨西哥鹰洋最多。据清宣统二年（1910年）有关调查统计，当时中国所流

某民居之山墙（洪国泰/摄）

124

20世纪初墨西哥鹰洋（洪国泰/提供）

通的外国银圆约有 11 亿枚，其中有三分之一是墨西哥鹰洋。在 1919 年以前，中国对外贸易多以墨西哥鹰洋为兑换标准。因此，这只老鹰成为财富的象征。闽南人在南洋谋生者众多，最易受西方文化的影响，鹰既代表财富，又代表在海外拼搏的精神，故人们便在山墙上装饰鹰的形象。

遗址摭拾

端 园

晋江是全国著名侨乡，分布着大量的华侨建筑。而华侨建筑集中区域，以晋南四镇为最。在众多侨乡之中，论建筑精美，多推福林为最，其中又以许经撇的番仔楼最为闻名。它是 20 世纪 30 年代闽南华侨大规模回

端园（福林村委会/提供）

乡兴建大厝的一个代表性杰作，也是近现代中西方建筑史上的融合典范。

许经撤（1887—1955），字孝端，与同乡许友超、许经权、许孝鸣等人是20世纪二三十年代菲律宾华社的重要人物。历任旅菲许氏宗亲总会第四、五届理事长，厦门市商会理事。1926年7月，他出任檀林市政会会长，与许文森、许志兑三人主持建设家乡通安街。1933年，倡导成立檀林励志社，推动当地移风易俗。1937年，出任菲律宾华侨善举公所第六十届董事长。许经撤为人慷慨尚义，晚年在家乡端园颐养天年，仍长期施药济世，扶危解困，和睦乡里，为乡人所称颂。

许经撤十几岁时跟随他的叔叔许志长去菲律宾烟厂工作，经过几十年的辛苦拼搏，终成一代富商。1933年，许经撤从南洋衣锦还乡，在福林寺南捐资建造孝端桥，方便了阳溪两岸的村民通行。同时又在老家建造宅院，取名"端园"。这是一座五脚架二层小洋楼，据传其设计出自意大利设计师之手（经考证，设计图系骆毓庭所绘制），由石狮建兴街庆隆建筑公司承建，聘请当时闽南建筑界中知名的惠安匠师（经考证，其中一位匠师叫杨源福）来负责石块的打磨和雕刻工作。

端园坐北朝南，为中西合璧的二层楼，天台上还有两间楼梯间，俗称"两层半"。整栋建筑外墙皆用细琢的上等白砻石柱为框架，用特制的红砖砌墙体，白石台基高达一米，造型优美，色彩明艳。据传端园建造伊始，许经撤有意购置了端园周边土地或房屋产权，如经协商还是不能全部收买，就尽量购置局部产权，保证了周边房子都有自己的产权份额，所以几十年来端园矗立在村中一片单层古厝之中，显得鹤立鸡群，令人瞩目。

端园建筑的独特性，值得我们细细品味。

端园的大门构建，使用能工巧匠。楹联是采取青石阳刻而成的，整个联版镶嵌在门柱中。这个大石门各个构件拼接切合严实，其构件连接处，一根毛发都插不进去，让人啧啧称奇。整个大门如同在一块巨石中间凿空而成，看似一个普通的大石门却显示了当时高超的石作组合工艺。

在安装石门窗、石构件时，工匠为了更加牢固不偏移，中空与缝隙处用熔化的铅汁来灌注，据说这样可以防止日后石头爆裂，属于行业秘技。而走廊和阳台围栏用的这几十个青石葫芦枳，都是手工打磨而成，每个大小都一致，就像用同一个模子浇筑出来的一样。据说当时石工先在厚纸片上画个图形，然后镂空，对中裁成两片，雕镂好的葫芦枳就拿这两片纸样夹试，看看是否严丝合缝，经过检验合格才予收货。所以这些葫芦枳拿到秤上一称，重量都是差不多的。

楼房装修用的白灰浆，选用上等的海蛎壳灰，加上白宣纸溶成的纸浆，要求小工细细翻拌研磨，一天只准许翻拌出100斤，让白灰浆呈现出淡蓝色才算合格。用这种灰浆粉刷的板棚、塑造的灯圈图案永久不会掉落。

为了防止强盗入侵，一楼朝向前廊、二楼朝向阳台的砖墙上都开有直径一寸余的枪眼，外面用錾成圆形的砖块堵上，不细看还以为是装饰，一旦有强盗进入，从屋内捅掉砖块，即可用火力控制走廊和阳台。同时，在一楼、二楼之间的房间墙角还安着一根空心铁管，可用于传音通话联络，像是这座建筑的无线电话机，也是为防盗设计的特别装置。

端园还有个很隐秘的地方，没有人提醒是不会被轻易发现的。二楼东侧主人卧室有一扇夹壁，里头有条两尺宽的暗道，通向一个狭小方洞，洞里竖着一架长长的铁梯，直通一间50多平方米的地下室。原来这是当时为了防备盗匪而特地设计的逃生之道。当强盗土匪攻入家门的危急关头，人们可以躲避其中，以保人身安全。

仔细观察端园建造用料，还会发现端园所用红砖块头比其他地方的都大。原来是当时主人嫌用来筑墙的"福泰砖"太小，特地向砖瓦窑定制这种七寸长、两寸厚的红砖，烧制后再进行挑拣，分成上品和次品，上品用来筑外墙，次品用来筑内壁。石料没有就地取材，而是不惜重金选择质地更好的出自南安丰州石砻的白砻石，这些石料是向羊角山（今属永和镇）石贩林时妹购买的，议价大银 1000 圆。

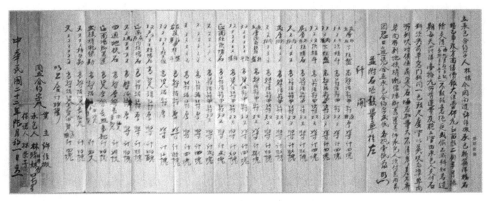

端园石料买卖合同（洪国泰/提供）

端园建设完工后，许经撇又利用建筑所余材料，在东北角旁建了一五间张四榉头"皇宫起式"的斗室山庄，作为端园的佣房。

端园整体建筑风格气派宏伟、优雅别致，是龙湖镇众多侨厝中保存较为完好又具有特色的一座建筑。多年后，端园建筑理念还影响了村北的另一座房，即昨非山庄，这是香港著名版画收藏家、篆刻家许晴野的房子。据业主许书骧介绍，其父许晴野生前十分喜爱端园，特意参照端园建造风格，设计建造了昨非山庄。

端园在福林村众多古建筑中具有独特风格，之后在申报传统村落和历史文化名村的过程中，发挥了它独特的作用，也是让专家学者了解福林建筑特点的一个重要窗口。自福林村成功申报中国传统村落以来，镇村一直在推动活化利用端园这座优秀的历史建筑。鉴于端园里面的生活用具基本保存完好，2018 年制订了将其活化成华侨生活记忆馆的计划。

2019 年秋，在厦门大学乡建社举荐下，嘉庚学院叶茂乐师生设计团队

<image中含文字：归乡——七步走；探寻；入户；怀思；村口；庭院；静憩；村道>

"晓园·归乡"设计理念（叶茂乐/提供）

进驻福林村。他们利用端园的东侧废墟，以海外华侨回到故乡"到村口—走村道—进庭院—入家门—引怀思—静憩中—再探寻"场景为设计理念，进行微景观改造，取名"晓园·归乡"，为未来端园展示馆的配套。该景观融合了周边环境和华侨、侨房等因素，获得了晋江市第三届海峡两岸大学生乡村营造夏令营一等奖。

2021年初，端园的活化利用也正式列入议事日程。在福林村驻村第一书记林小虎的主导下，邀请晋江市博物馆陈聪艺现场指导，利用端园原有家具进行整修、布设，完整重现端园人家昔日生活场景。7月25日，适逢第四十四届世界遗产大会"泉州：宋元中国的世界海洋商贸中心"项目提交大会审议正式获得通过，成为新的世界文化遗产，端园作为福林村华侨历史文化的重要窗口——华侨生活记忆馆开馆了。当天就迎来第一批客人，即天津大学建筑学院孔宇航院长和厦门大学曹春平老师一行。

孔宇航院长等人参观端园 （福林村委会/提供）

　　端园的活化利用是推进福林古建筑保护与发展的一个重大尝试。旧侨房、新展馆，端园重新走到世人的面前，绽放着亮丽的历史风采。

参考资料：

① 粘良图、陈聪艺：《晋江古厝文化撷珍》，福州：海峡书局，2015 年。

② 《旅港晋江檀林同乡会特刊》，作者自印，2004 年。

孝 端 桥

　　龙湖福林寺东南侧悠悠的阳溪上，横跨着一座现在看起来很不起眼的桥——孝端桥。曾经，它是沟通阳溪南北的要道，是人们出行的必经之路。如今，它依然是福林这个历史文化名村的地标性建筑，是老一辈人回忆里难以磨灭的印记。

　　据记载，20世纪初福林禅寺南侧阳溪溪道宽度近30米，水流潺潺，清澈长流，时见有小鱼畅游。但是村民香客、各方行人要过阳溪，得蹚溪涉水，异常不便，一旦碰到暴雨，水位暴涨，便无法通行，只能却步兴叹。1933年，从南洋归乡的许经撤见状，独捐大银4500元，决心建起一

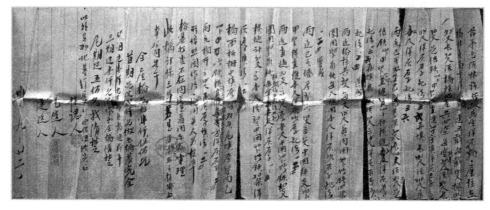

建桥合同（洪国泰/提供）

座便利行人通行的桥，于是聘请石狮庆隆建筑公司承建跨阳溪钢筋水泥桥（时称"洋灰桥"，也称"东桥"）。

建桥是一个大工程，当时施工工具极为落后，要在溪底打墩建基，谈何容易。首先要拦溪截流，但是遇到水流湍急处，虽抽用两部大水车一班人二十四小时不停抽水，也是无济于事，临时堆筑的堤坝时常被冲垮。施工中溪底泥沙遭流水冲刷，塌方陷落，难以挖探到坚实的地基。后来经人建议，工程队将特大铁鼎放入坑穴中，边挖泥沙，边使大鼎下沉定位，再浇灌混凝土做桥墩。经数月苦干，一座长三十米、宽两米半的钢筋水泥结构的桥梁终于建成。

时泉州知名书法家、清末举人曾遒（字振仲）知悉此事，专门送来榜书作品"孝端桥"，以许经撇之字"孝端"来命名。乡人将曾遒题字镂石为匾，安在桥栏上，至今保存完好。桥梁建成后，解除了来往行人跋涉湍

孝端桥旧照（许著华/提供）

水之苦，更为往来车辆、牛畜开辟了畅通之道，众口皆碑，亦为福林寺增添一秀丽景点。

时光绪壬辰科秀才许经明（1867—1955，安海新店村人）曾作《孝端桥志》歌咏此事，云：

> 福林古地，檀林之水尾宫也。宫之南有溪焉，源远而流长，水多而防阔。往来行人，常有临流而裹足不前者。今年春兴工大筑，三月告成。飞银鹊之来填，现彩虹而落降，坚致异常，民不病涉。问谁为建此桥，曰：孝端也，故名孝端桥。孝端者谁，乡之侨商也。侨商为资本家，资本家善营利，往往借公益之美名作个人之私括。孝端非其人也，用自己财，行济人事。以视夫一钱如命，而累千累万，孳孳然为子孙作守钱奴者，相去实不可以道里计。孝端者，诚侨商中之杰出而不可多得也。诚能本此桥而广之，将见量力而进，见义必为。其造幸福于地方者，当更多多也，岂仅一孝端桥之名于檀林之福林宫也。孝端勉乎哉。

民国癸酉小春

孝端桥经长年风雨侵蚀，湍流冲击，在20世纪八九十年代两度濒临倒塌。许经撇之子许家修、孙许自钦先生继承先辈乐善好施之美德，解囊进行修葺，于1985年、1991年先后两次重修，使得历经风雨沧桑的孝端桥至今仍巍然屹立于阳溪之上，利济行人。

孝端桥经历了许经撇祖孙三代人捐建及两次重修，因此又被称为"三代桥"，传为佳话。

2012年，有关部门开展阳溪综合整治工程，阳溪主溪道向南偏移，恰好从孝端桥南端穿过，孝端桥一下子变成了陆地桥、废桥、危桥，被群众惜称为"断头桥"。2019年，福林村把延接孝端桥便利群众出行作为为民办实事的重要内容，筹集资金，从孝端桥南端衔接建造一条钢结构直跨

1991 年加固后的孝端桥（福林村委会/提供）

桥，重新连接阳溪两岸。走孝端桥又成了村民出行的选择之一，孝端桥又成了便利桥。此举获得了周边群众的赞誉，更是连接起了海内外福林人之间的"心桥"。

站立桥上，凭栏眺望，阳溪两岸风光尽收眼底，夕阳西照，分外美丽，孝端桥的佳话成为福林村代代相传的故事。

参考资料：

① 许经明：《许经明文存》，福州：福建人民出版社，2012 年。
② 《旅港晋江檀林同乡会特刊》，作者自印，2004 年。

遗址撷拾

发现民生西医院

民生西医院旧址今貌（洪国泰/摄）

我能发现民生西医院是出于偶然。

缘起 2017 年 10 月，受新加坡国立大学陈煜老师所托，我在晋江市福林通安街上寻找当年的至善（檀林）乡公所旧址。据耆老介绍，中华人民共和国成立前，通安街是晋南重要的商业中心，晋江县政府曾在这里设立了乡联保行政机构，派了一名叫蔡家猛（谐音）的石狮人当福林乡乡长。

现在发现的一些福林侨批写的地址是"石

福林记忆

136

狮镇檀林街XXX"，有的写的是"晋江五十六区所檀林乡"，因为20世纪上半叶福林村隶属行政辖区经常变更。民国时期，晋江（包括现在石狮市）这块土地，因为华侨不少，侨汇也多，引来靖国军、护国军、浙军、东路讨贼军，各路军阀轮番上场，相互之间不停地争夺地盘，正所谓"城头变幻大王旗""一朝天子一朝臣"，隶属行政辖区变更频繁也在情理之中。

经探访，我了解到那个乡公所旧址在20世纪90年代已被翻建成四层的小洋楼了，人非了，物也不是了。但在这个过程中，我邂逅了许东升先生（许志兑后人，檀林乡村医生），不经意间谈起了半个世纪前的故事。通安街历史上曾有一位名医，人称"杜安人"，之所以现在他还被世人津津乐道，是因为当年他曾受弘一法师教化。杜安人医馆原址就是许东升现在这家诊所（福林村第一卫生所），旧称"民生西医院"。

杜安人，字培材，生卒年不详，20世纪二三十年代在檀林通安街开设了一家西医院。据说杜安人医士是留日回来的，惠安籍，医术颇高，在檀林行医多年，远近闻名。病家佩服其妙手，然他收费昂贵，贫者无力上门求医，受人诟病。

1941年10月5日，杜安人仰慕弘一法师，闻大师在福林寺消夏，托老乡传贯法师（俗名龚育恩，惠安县东岭龙村人）引见，专程来寺中拜谒。来往之间，大师手书《华严经》句集联"不为自己求安乐，但愿众生得离苦"赠予杜安人。后弘一法师又赠贵重西药于杜安人，用于普施贫民，同时以其名"安人"书写一副冠头联一并赠送，联曰："安宁万邦，正需良药；人我一相，乃谓大慈。"杜医生得此厚赠之后自然深为感动，回去后写信给弘一法师说：

弘一法师：

记得去年中秋，我曾因仰慕心的冲动，一度专诚拜谒。那时候虽然是简短的谈话，但是我所领教得来的却句句是金科玉律，句句是立身的座右铭。至今深刻在脑海中的，还是无限的愉快欣慰。我以后数度想要再去受训，只恐未便打扰。所以虽有近在咫尺的机会，毕竟是天涯一般的遥远，抱憾之至。

　　昨承惠赐良药十四种件，接受之余，万分惭愧。因为在公医制度尚未实行的社会里，所谓医生者，充其量亦不过是一种靠技术换生活，与其他职业无异——为工作而生活，为生活而工作。这种自私自利的心理，还谈得上甚么"本我婆心，登彼寿域"，或甚么"济世为怀"这类虚伪或广告式的言词吗？不过由于领受这次的恩赐以后，我希望良心会驱使我，把我既往的卑鄙、从前的罪恶，在可能范围内，尽量地改革过来，效法师"慈悲众生"的婆心，真正地把"关怀民瘼"的精神培植起来，借鉴法师去年为我题赠"不为自己求安乐，但愿众生得离苦"之箴言。那么，我所受惠的，其于精神方面的价值，将较胜于物质的百万倍矣。我该用最诚恳的谢忱来结束这张信。

　　敬颂

康健

　　　　　　　　　　　　檀林杜安人诊疗所杜培材谨呈

　　　　　　　　　　　　卅一年三月十七日

　　由信的内容来推断，杜医生可能是留过洋的，至少对公医制度有所了解。既信基督，已具一定的善良心，又被弘一法师的身教与言传所打动。不久，弘一法师将离福林寺他去，杜医生又写了封信给法师以示惜别，还撰写了一首赞词来歌颂法师的学养与道德。信云：

弘一法师钧鉴：

　　自法驾莅檀，倏将一载。材获自机缘拜谒，不胜欣幸之至。

材虽身奉教，然生平受感最深者仅有两次。第一次医学毕业时代，吾师以外国箴言相勖勉。其原词如下：I shall pass through this world but once, any good or kindness that I can show to any human being, let me do it, let me not defer or neglect it, for I shall not pass this way again.（按：我只能经历一次人生，让我把全部善良和仁慈献给人类。我毫不迟疑，绝不忽视，因为我不可能再经历一次人生。）

闻友人云：法师通英文，故敢直陈，勿怪是荷。此次法师亦以轻小我重大我之人生观相示，使材知世之宗教仅可视为一规模之团体，而其最高尚标的，不外为共同之美德，如博爱、平等、慈悲等是也。法师之高尚，曾留居此穷乡僻壤之福林寺。此种富有历史意义之胜地，材拟题匾额一方，借以表扬法师之伟大于万一，亦所以作永久之纪念也。惜材之学疏废，汉文苦无根底，故一时碍难办到，应请谅宥。惟大意如下："法师弘一，一代高僧。文章道德，博古通今。环肥燕瘦，书法尤精。荣华富贵，独享无心。空门修行，寒暑屡更。为民度苦，埋头著经。牺牲自我，慈念众生。循循善诱，救世明星。我奉耶教，受感同深。福林一叙，欣常良箴。念兹胜地，发扬嘉音。览游斯寺，必信必欣。超凡入圣，法寿隆亨。"

以上词句，未能表扬法师之伟大，惟于世道人心，冀能有所裨益。材拟请友人斧正，然后付刻耳。法驾不日他锡，最好传贯师护送，以便沿途及抵地时之照料。至于老师尊恙，虽未克一进康复，然不足为虑也。别离在即，材因英墩事务，恐未克躬送，罪甚。所望不久，法驾再临斯寺，亦附近千万"罪"民所恳切企

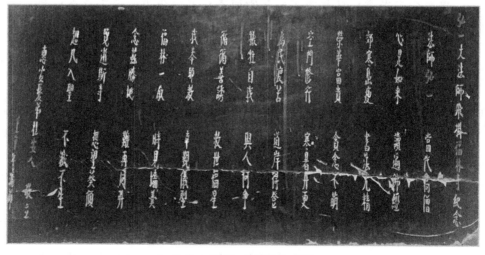

求者也。肃此奉陈，敬颂法安。

鄙人杜培材敬上

卅一年四月三日

由上引杜医生两信不难看出，弘一法师所拥有的感染力是一般力量所难以企及的。杜医生对法师的恭敬也实在不同凡响。他没有食言，后来果然用改定的颂辞刻了一块长形乌漆金字匾额，匾黑漆金字，辞句与初稿几乎全异，亦足证他请友人斧正之诚心，及对法师敬仰之虔诚。改定稿凡十三句，句句入韵，似柏梁体。全文如下：

弘一法师飞挂福林寺纪念：法师弘一，当代高僧。心是如来，读遍佛经。郊寒岛瘦，书法尤精。荣华富贵，贪念不萌。空门修行，寒暑廿更。为民渡苦，道岸得登。牺牲自我，与人何争。循循善诱，救世福星。我奉耶教，幸观仪型。福林一叙，时见墙羹。念兹胜地，难再同升。览游斯寺，想望葵倾。超凡入圣，不灭不生。惠安发弟杜安人敬立，壬午年蒲节。

原匾至今完好地保存在福林寺。

杜安人赠匾（洪国泰/摄）

《晋江市志》第四章"台胞在泉州"记载,檀林有惠德医院(约1924年建,投资人黄邦荣)、建安医院(1931年建,投资人谢子培)。由此可见,在檀林开馆行医者,除了杜安人,不乏前人,至少还有2家医院,同时存在若干家中药店。遗憾的是,没有找到有关杜安人西医院的官方史料。遍访檀林村民,也无人知道檀林惠德医院和建安医院的踪迹,甚至没有听过。

20世纪20年代,旅菲归侨乡绅许志兑首先在村的西边带头建设了六间南洋风格的骑楼式店铺,并与许经撇、许文淼三人共同组织檀林市政会,主持了通安街的建设,海外华侨发力投资建设家乡,促使通安街成为晋南出名的繁华集市。

杜安人为何来檀林呢?其原因并无史料记载。但1915年檀声小学创校后,有位老师名叫杜佑安(1898—1985,字妈全,惠安螺阳镇后苏村

民国瓷画之许志兑遗像(洪国泰/摄)

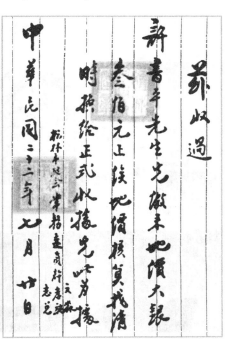

民国檀林通安街地价收据(洪国泰/提供)

人），他接任许书田（"福建事变"中厦门市首任市长许友超的秘书）成为第二任校长。杜姓在泉州并不是人口大族，或许杜安人与杜佑安之间存在某种血缘或地缘关系，才因杜佑安的举荐来到檀林。

许东升在热情之余带我上了天台，特意让我仔细观看了他这栋充满南洋风格建筑的屋顶山花。山花横额上从右往左写着"民生西医院""医士杜安人"，顶上还有民国北洋政府五色旗的痕迹。笔者联想到七十多年前，许志兑先生的儿子许喃文在菲律宾参加战地民主血干团，后不幸被入侵的日本兵所杀害，他之所以能成为热血青年，免不了是因从小受老家"民生"理念影响。

那个时代，西医在南方农村是比较少见的。可能因为檀林是侨乡，才比较容易接受外来的新生事物。民生西医院占地面积并不大，据许东升介绍，当年的西医院其实只占用许志兑众多店铺中的一间；杜安人行医施诊

民生西医院山花（洪国泰/摄）

142

方向是内科还是外科，无从查考。

许东升还展示了他保存多年的民国时代民生西医院的地契，上面日期标明建于1924年。据此推算，这个医馆有近百年的历史了，应是晋江现存医馆（院）原址中最为久远的。

中华人民共和国成立后，杜安人医生就被晋江县医疗部门聘用，离开了檀林。民生西医院少了主心骨，无人掌案，之后关门若干年。20世纪70年代，许东升重整门面，继续救死扶伤，杜安人医脉幸能因之延续。

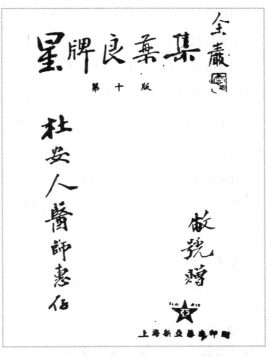

杜安人药书　（吴仓阳/提供）

之后笔者有幸查到林双发的回忆记录《晋江县医院院史概述》，了解到杜安人的部分履历：

1951年10月，由于朝鲜战争升级，参加抗美援朝的志愿军急需一批医务人员随军服务，全县有26名医务人员报名，其中就有杜安人；

1958年由于"大跃进"，社会上卫生工作者均统一安排到各公社保健院工作；

1953年3月6日，晋江县人民政府任周明福为院长，林双发为总务股长，吕俊烈为预防股长，杜安人为防疫保健科股长；

1957年初，杜安人被晋江县医院派往晋江地区第一医院放射科进修3个月；

遗址摭拾

143

1959年8月28日，晋江县成立了中医药学术研究委员会，杜安人是31名委员之一；

1962年11月2日，杜安人作为晋江县防保站代表出席了晋江县卫生工作者协会复会筹备委员会第一次会议；

1965年夏季，晋江县医院科室调整，杜安人被调到门诊部（包括辅助科室）；

1966年8月20日，晋江县医院正式成立"革命委员会"，各科室成立"革命小组"，此后就找不到杜安人的名字了。

参考资料：

① 王湜华：《弘一法师与夏丏尊：淡如水的君子交》，北京：华艺出版社，2015年。

② 晋江市政协文史资料委员会编：《晋江文史资料选辑（修订本六至十辑）》，晋江：晋江市政协文史资料委员会，1999年。

③ 晋江市地方志编纂委员会编：《晋江市志》，上海：上海三联书店，1994年。

鄉建築語

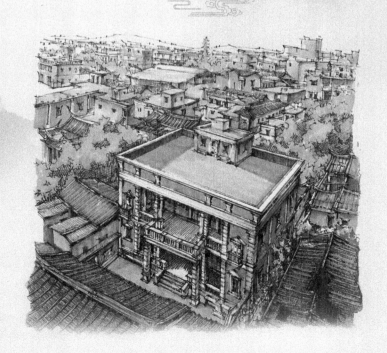

福林微景观记

福林乡，名坊地，旧迹众，侨第盛，闻达于泉郡。弘一宗师尝于此结夏弘法，谓之"清凉园""离垢地"。近岁封誉连连，得"中国传统村落""中国历史文化名村"嘉名，蜚声驰誉。

福地宝居，龙象交踵，群贤竞沓。己亥兰月，闽中上庠，曰厦门大学，遣弟子结社，扎营清源别院，择端园东、书投楼东、通安街北三处，融钱廿四万，礼聘匠师，拟筑古村之胜迹，谓"晓园""云岫福林""福临园"，以复呈古闾之异彩，诚慰乡人之冀希矣。

己亥年（2019年）兰月

清源别院诞生记

清源别院门楣（洪国泰/摄）

　　一座高等院校在社会上为学生创建实践基地是普遍做法，但一个大学与一个村落挂钩，尚属稀少，与一个历史文化名村共建，更是少之又少。厦门大学与福林古村共建实践基地，是泉州市首例，在泉州乃至全国传统村落保护工作中都是一种新的尝试。

　　2016年11月，从王量量、韩洁、李苏豫老师等人一行来福林之后，厦门大学就与福林古村结下了不解之缘。他们先后带来了很多专家学者，比如新加坡国立大学陈煜老师，他多次在新加坡、日本等国际学术场合上介绍福林古村，2017年3月带领13个学生来闽南调研，整理出版了一本游学记录《闽南侨乡行：吾乡吾厝》，书里压轴的图文介绍便是本文的主角——福林清源别院。

问清源别院在哪里，福林人可能还不知道，但说起"松柏厝"，当地人就会恍然大悟。一座房子称谓的前世今生，细说起来当中也有很有趣的故事。

清源别院正式的名称是"厦门大学—福林村高校·乡村共建实践基地"。在福林村，人人称之为"松柏厝"，只因此大厝的厝主名为"许松柏"。这座房子建于1964年，额匾题着四个大字——"南薰献瑞"。"南薰"语出《诗经·南风》"南风之薰兮，可以解吾民之愠兮"，有成语"薰风解愠"，即温和的风消除心头的烦恼之意。按照泉州民居习俗，其大门楹联是副传统的冠头联，右边书"清晖高照阶兰茂"，左边书"源水长流岸草香"，蕴藏旧房屋主人也即许松柏先生的老父亲之名"清源"。

承蒙许松柏先生的慷慨与热心，这座富有特色的老房子免费借给村委会作为厦门大学的实践基地。自2016年以来，厦门大学、新加坡国立大学、日本法政大学的师生先后入驻过这座老房子。可以说，许松柏先生的

清源别院挂牌仪式（洪国泰/摄）

支持为今后开展的一系列的学术研究活动打下了良好的基础。

清源别院名称的确定过程，也极为有趣，老师们纷纷建言献策：

名称一：南薰山房。"南薰"取自松柏厝横额上题"南薰献瑞"之"南薰"；"山房"，因福林古村有古学塾绿野山房和养兰山馆。大意为：南强之校，来自南方的微风，吹进福林古村……

名称二：半亩堂。"半亩"取自朱熹的"半亩方塘一鉴开，天光云影共徘徊。问渠那得清如许？为有源头活水来"，隐喻"清源"二字。

名称三：清源舍、清源精舍。舍有宿舍、旅舍之意，希冀朋友同学常来常往。

名称四：福林别院。弘一法师曾用此名称福林寺。

……

最后经过多方的热烈讨论，一致决定采用"清源别院"，一是此处为实践基地，算第二课堂，不是主课堂，则取"别院"二字；二是清源别院呼应泉州历史上有名的清源书院，延续其教书育人的使命；三是"清源"又是许松柏先生老父亲的名字。

2018年1月23日，基地举行挂牌仪式，清源别院从此作为古村保护工作的学术基地，开始创造历史……

寄语：致福林村乡亲们

2018 年 12 月 9 日，"振兴乡村"之福林村乡村传承与振兴论坛成功举办。

自从 2016 年以来，福林村先后获评福建省首批传统村落、第四批中国传统村落、福建省历史文化名村、中国历史文化名村。这几块金字招牌是来之不易的，其含金量也是不容置疑的。

福林村乡村传承与振兴论坛参会人员合影（福林村委会/提供）

乡建絮语

151

　　对初来古村的游客而言，他们会萌生出不经意间通过时光隧道，突然被文化遗产包围的感觉。福林，本是一个独特的文化遗产所在地。

　　厦门大学独具慧眼，选择与福林古村共建，受此影响，福林得到社会各界的聚焦，获得良好的赞誉。厦门大学采取渐进式陪伴介入，是其"人才反哺农村"的一个重大举措。这一次厦门大学在这么短的时间内筹备举办"福林村乡村传承与振兴论坛"，实在用心良苦，虽是尝试性的动作，却是接地气的创举，希望今后"福林论坛"常常举办，年年举办，发展成为一个有效的学术、乡建交流组织平台。我们希望借助论坛的形式，把专家学者请进来，地方政府和村民一起努力将专家学者的意见建议融入古村保护与发展的实际工作中。

　　福林村是历史文化名村，这次论坛的举办有助于福林古村文化品位的提升，今后有机会要持续夯实。文化提升对于福林村的规划建设起着"倒逼"的作用，希望福林村"两委"以及父老乡亲们，认真领会专家学者的专业建议，全心全意打造"美丽福林""文化福林"。

　　培育本地人才是实现乡村内生性和长期性发展的基础措施，乡村振兴的主角是本地的居民，特别是带头人——福林村干部。这几年来他们坚持走出去，陆续参加了厦门大学乡建社的活动，蹚过马洋溪，看过梧林、福全，参观过厦门院前社，做了大量的幕后工作，对于古村保护与发展的希望是强烈的。希望村"两委"班子继续发扬包容并蓄的精神，团结一致，进一步开创进取。

　　福林古村保留着众多番仔楼，都是典型的传统闽南民居，当前还处于比较简单的修缮和保存状态，没有更进一步的改造和利用。这一点倒不是坏事，因为传统民居的改造利用属于高度专业化的行当，没有水平可靠的专业入场，那就是动作越少越保险。请福林村的乡亲们妥善、慎重地保护先辈们留下来的财富。

今后一段时间，我们应该高度重视文化遗产保护，群策群力，设法从上级政府和海内外乡亲中多渠道筹措资金，抢救修缮濒危的传统建筑，家底越厚实，心里才越有底气。

传统村落、历史文化名村，这是先辈们留给我们的最后一笔无形的文化财富，这笔财富能真正保留多少，取决于我们这代人的共同努力。

2018 年 12 月 25 日

关于福林古村保护与发展的几点思考

　　古村落（历史文化名村）保护与发展，是个长期渐进的过程，不仅需要社会关注，更需要当地百姓的认同感，让子孙认识到重要性，代代传承，这是个关键的问题。

　　第一，挖掘文化内涵，让村民、外人知道传统村落里有什么东西，人文历史在哪里，比如建筑特色、华侨文化。做好乡村品牌，首先要自己先弄懂自己。传统村落各有特色，需要找出村与村的异同。乡土文化志愿者要挖掘历史文化内涵，才能知道我们保护的是什么，要依托的是什么，才能进一步讲好乡土故事。乡村振兴需要让本地人认识到村子的优势是什么，重新培养在地人的认同感、自豪感，才能吸引更多的年轻人回到村落，成为振兴乡村的主力军。

　　第二，乡村振兴需要产业提升，要找出适合乡村的发展之路。没有产业的支撑，乡村振兴无从谈起，古村的保护工作也会缺少民意支持。可以出台政策，鼓励福林古村利用区位优势，走文化创意产业路线，争取晋江市的文创基地部分转移到福林古村。

　　第三，积极推动打造核心景观标志物，恢复公共空间。古村落保护是个渐进的过程，保护与利用是个长期的课题，建议鼓励村里选出若干代表性建筑，修缮起来，以点带面。晋江的古村落都具有丰富的历史文化底蕴，鼓励每个古村落都建一个村史馆或文化展示馆。又如福林村可修缮建于1855年的古学塾绿野山房，作为（国际）高校学者研讨交流基地，村庄保护区域可定位为泉州传统民居博物馆。古民居的活化利用有利于拓展村民公共参与交流空间，提升自我认知水平。

以上几点思考是保护传统村落的初心，促使村落保护工作重点从村落本身转移到村民，从物质空间转移到文化空间，从静态保护转移到动态传承上来。如此，落脚点才能"见人，见物，见生活"。

2018 年 12 月 13 日

乡建絮语

龍湖採璞

龙湖那些陈年旧事

关于龙湖的陈年旧事丰富多彩，如今有些依旧在人们中口耳相传；有些已经淹没在历史尘埃中，渐被忘却。人和事在物换星移中，换了一拨又一拨，笔者拾掇几分历史，让我们一起来窥探这个地方的古老和厚重。

一、龙湖史载

明《八闽通志》卷七《地理志·山川》载：龙湖"在府城南。相传湖与海通，中为涌沙所隔，遂别为湖。尝有龙出入其中，故名"。《大清一统志·泉州府》引《晋江县志》：龙湖"周可二十里，诸溪涧水汇流"。

清代蔡永蒹在《西山杂志》写道：桐城东南之湖，距县二十余里，古有龙山。后唐明宗长兴四年（933年），海涨，龙山陷下。宋熙宁年间（1068—1077），地震，龙湖、虺湖二湖现焉，故深沪成半岛也。龙湖之大，四周四十余里，纳石刀山、罗裳山、马坪山三山之水，积水之量十仞焉。湖鸟飞翔，碧波渔舟相掩映。湖之南阔北狭，一泓清水中，有礁石两处，每当秋风吹劲，上湖西马石崖而望之，恍若龙双眼，则龙首在南，湖中广，而西之弯曲如龙之尾。日照湖水，金鳞闪闪，如龙之腾跃于碧波之中，此则"龙湖"之称也。湖之南，田亩毗连，皆仰于湖……

二、龙湖祈雨

据史料记载，从宋朝开始，历经数代，直至民国时期都有官员来龙湖祈雨。

相传南宋王十朋知泉州时，有一年久旱，赤日当空，禾苗枯焦。王十朋心急火燎，却无可奈何，只得率官民往龙湖"乞雨"，民众持香跟随，沿途哀呼，其声凄切，其状惨怆。便率领百姓到龙湖亭焚香求雨，可是日复一日，老天一点雨也没下。有一天，他在求雨回家的途中看到农民汗流浃背地站在田旁，面黄肌瘦，心里十分难受，埋怨自己德薄，不能为百姓解除苦难。

王十朋，这位南宋时代的状元，泉州人民的父母官，对民生疾苦抱以极大的同情，晋江著名的"七首塘"（即沿塘、沙塘、芙蓉塘、洑田塘、龟湖塘、象畔塘、拱塘）多是他在任上率领民众或疏浚或开凿的，以抗涝防旱。传说他因此挪移公帑被告发查办，在押解京都临安的途中自尽。

龙湖龙王庙里有清施世骠《龙湖祈雨颂德碑》，是见证当年祈雨历史的实物：

> 桐城之南六十里有泽曰龙湖，古致雨处也。旁建庙祀神，遇旱潦，里中人祷此辄应。辛丑徙界，庙倾圮。甲子丑月过里门，谓是有裨民社者，爰涂塈而鼎建之。□戌春，连月不雨，观察佟公及提督梁公顾而悯之曰：噫！孰保障封疆，忍视吾苍生祸患，不亟为拯救？用祗慎斋祓，告诸神。三月朔已未，佟公则偕郡守时公、邑宰王公，露顶步烈日中，诣龙湖庙，拜取湖水数斗以归。遂与梁公设坛于社，文武宾僚俯首在位，相与沥诚祷告曰："惟天惟神，念兹亿万生民，粒食维艰，其亟降之雨，俾无失时耕播，用活尔黎元，以享乃升平。天若不我降鉴，罔曰厌灾我有

位，其敢辞厥咎?"是夕斋宿梵宫，越数夕祷益虔。吏以回署白，不听。用是精神上格，山川神祇响应效灵，丁卯雨，戊辰又雨，民以为未足，是夜复大雨连朝，遍四郊。由是高者其原，卑者其隰，罔不田亩浸淫，沟渠淳溢。农人皆沾体涂足，扶犁驱犊，乘时播百谷，举欣欣相告曰："时哉雨乎，向虑不耕收，今幸哉!庶几瓯篓满筹，污邪满车，吾父兄子弟，得含哺鼓腹以乐康衢者，伊谁之赐?夫非我公之德洋恩深，直与郇黍、召棠并留惠爱于勿替哉!咸愿刻石庙左，以垂将来。"余既为之纪，仍系以诗曰："御灾捍患，明神之职。布德施仁，有位之泽。尔耕尔忧，岂无田畴?时雨不降，嗷嗷其忧。我公莅止，神人胥喜。格彼丹诚，膏霖遍尔。蓄乃沟渠，爰蓄爰畬。必有喜梦，占曰惟鱼。黄童白叟，欢呼叩缶;既歌且舞，相劳以酒。神明洋洋，湖水泱泱。我公之泽，万纪攸长。"康熙四十五年五月立石。

三、龙湖惨案

尤氏鲁东房小宗族谱记载："嘉靖四十二年（1563年）六月十日，倭乱肆掠，四十二人长幼及妇女六十有余，俱没龙湖之中，仅尤禹忠逃脱，不与其难，住湖尾。"根据《安海历史大事记》记载："嘉靖四十三年（1564年）正月，倭寇入泉州郡境涧埕、湖美等处杀男女而去。"说明明朝末期倭寇猖獗，泉州是不太平的。龙湖畔的龙园村，更是经历多次的兵燹匪乱。到了民国时期，有史料记载的也有两次:一次是1926年农历五月二十六日遭受军阀惠安汪连明部队的烧杀抢掠，俗称"汪连火烧"，全村房屋烧得仅剩七座。另一次是1949年农历六月十五日的国民党溃军三二五师的"清乡"，炮轰烧毁民房，枪杀无辜老人，洗劫一空。

四、湖民争湖

在龙王庙前，有一方双面石碑，正面为清雍正三年（1725年）镌的《廉明县主太老爷叶明示功德碑》，背面为雍正九年（1731年）镌的"官湖"告示。这块碑记载着一段历史公案：

> 龙湖周围十余里，旧系官湖，明初始征鱼税，米四石二斗六
>
> 升，折银一两五钱零，河泊所征解。有渔户许、翁、留、林、吴
>
> 五姓承纳。

康熙三十年（1691年），施府势炎，因向朝廷奏请，准将沙岗一带划为放马场，把龙湖拨给作为洗涤战马之用，获得朝廷许可，龙湖便纳入施氏大族管辖范围。康熙三十五年（1696年）施琅去世后，滨湖村民陆续抗争，在历史下留下重重一笔的有以下几个人：

> 龙湖亭许二、许俊、许四
>
> 后山王英，仑上留连、卢明
>
> 玉斗张明，庄厝庄国兴，翁厝翁东
>
> 陈店陈维

这些名字刻在龙湖龙王庙的"官湖"石碑上，现在还可以看到。经过滨湖村民多年的抗争，龙湖于雍正三年（1725年）收归官湖。

瑶 林 访 古

　　许多泉郡许氏人家住宅门楣上常刻"瑶林衍派"，指的是祖先来自瑶林。瑶林，今称"杨林"，为晋江市龙湖镇东北部一自然村，隶属埔头行政村。相传唐末石龟许氏先祖许爱官居唐侍御，特进银青光禄大夫兼金吾卫将军，为避乱，挈眷由诏安徙入泉州，先居晋江十七、十八都瑶林乡。后因瑶林地势褊狭，徙居丁亭乡，即今之石龟许厝，遂为石龟、瑶林许氏开基始祖。为纪念开基之地，故凡属石龟（"丁亭"原名）所析之许氏子孙均以"瑶林衍派"为堂号。

　　现在居住在杨林村的人口 600 人左右，分别为施、杨、李三姓。

一、杨氏宗祠

　　据传，杨氏先祖移居杨林传承至今十七世许，与罗山后洋社区名门明末官居太子太保杨景辰系出同脉。相对这个村的历史，传承十七世的时间跨度并不久远。杨林至今留有很多有意思的悠久的地名，如金鸡石、香山、鲤井穴、柳溪、虎跳桥，都有美丽的传说。其杨氏宗祠有一对联云："虎桥会有豹变，鲤井穴见龙登。"腰缠玉带（柳溪），左鲤鱼（龙登），右虎桥（豹变），"豹变"典故来自《易经·革卦》："九五，大人虎变，未占有孚。上六，君子豹变，小人革面；征凶，居贞吉。"

龙湖采璞

163

杨林杨氏宗祠（洪国泰/摄）

　　遗憾的是，祠堂木作、石刻大多被偷盗，只剩下支撑屋顶的几根楹柱和屋脊残余的雕花还映射着昔日的辉煌荣光，以及楹联还展现着家族的文脉。

二、石经幢

　　杨林石经幢是晋江市第四批文物保护单位，曾为晋江保存最完整的宋代石经幢。7层的实心石构楼阁式经幢，自下而上逐层缩小，各层有檐盖挑出，通高3.92米。底层为圆柱形，浮雕双龙戏珠；二至七层为八角形柱体，分别雕刻力士像、佛号铭文及佛像。檐盖分别雕出波浪状、仰莲状，刹顶雕圆形宝珠。历经800多年风雨，却在2012年5月3日凌晨被盗，尚遗下3层，事后进行抢救性修复，意外发现幢内残件铭刻：大宋嘉定元年（1208年）八月望日造，大明万历四十三年（1615年）闰八月望日修，本乡弟子杨望春、蔡宗胤顿首志。

杨林石经幢（洪国泰/摄）

这次的意外发现让我们得知，这座石经幢是一座名为"普照堂"的寺庙所有，始建于南宋，明朝有过重修。还透露出在明万历年间，这个地方居住过杨姓和蔡姓的先民。

近年石经幢经有关文物部门努力，已仿古修复完毕。

三、"一贯杨"

杨林杨家一直是乡里名族，杨氏后人介绍，当年一代宗师五祖拳创始人蔡玉明（1853—1910，名诒河，外号"帮尾河"），曾受邀来杨家设馆授

"一贯杨"练功石（洪国泰/摄）

徒（至今馆址仍在），传授技艺。图中的练功石，是当初杨家练家子练力气的家伙，两三百斤重。乡人笑称，当初杨家有一子弟能把这个练功石拎起来转好多圈，但其生性暴躁好斗，故此蔡玉明只授他吐纳之气，而不教他搏击技艺。

让人好奇的是，这个练功石刻的"一贯杨"三字何意？或指"形有万殊，道以一贯"？只能待有缘人释之。

四、"严禁恶丐"碑

在一杨氏古民居残墙下，放置着一方硕大的石碑，为"严禁恶丐"碑。据杨氏族人介绍，以前该石碑是竖立在村边的，因地理人文变迁，多年前已被弃用，为防被窃失落，现将石碑收藏于村中。

严禁恶丐

补用清军府调补晋江县正堂加四级随带加二级汪□为出示严禁事。

本年四月二十日，据瑶林乡职员杨孙龄，乡耆施光和、何兰淑、李心良等佥称：伊等世居南关外十七八都瑶林乡，素外经商，家仅妇孺，凡乞丐登门，给钱一文，远近皆然。龄等照给无异。遇有凶吉事则不吝赀，向前杆柄乡该丐首领一单，其另给丐

杨林"严禁恶丐"碑（洪国泰/摄）

子者亦视常加厚。缘有不法恶丐，贪婪无厌，窥龄等乡小人稀，强乞图赖，索钱不已，继以索饭，稍拂意辄抛石投秽，百端横行，难以枚举。间有双瞽病废之丐，借端鼓氛，其横更甚。

虽嘉庆九年与同治十一年乡耆两次禀请前宪徐、彭，均蒙示禁在案，不过一时敛迹，历久谁复奉行？延今故态复作，结党成群，恣意骚扰，视前尤暴。

龄等痛家居之无宁日也，因思丐子敢于猖獗，总由丐者疏于约束。万一乡人不堪其扰，深恐祸生不测。不得已合沥情，佥恳恩迅饬着该丐首严辖，并准示禁泐石，以垂永远。

庶恶丐知儆，良善得安，沾感切叩等情到县。据此，除批示并谕饬丐者约束外，合行示禁。为此示仰该乡保练并乞丐人等知悉：自示之后，该乡遇有凶吉之事，乞丐如敢图赖索诈，恃众滋闹，责成约保会同丐首驱逐出境，倘敢不遵，立即扭解赴县，以凭究办。该丐首及约保练如不实力巡查约束，定即穷革不贷。各宜凛遵毋违。特示。

光绪拾壹年肆月　日给杨孙龄泐石

168

瑶林杨氏族谱中的辛亥革命

在民国出版的衙金深风俗改良会会刊的记载中，有一个村子很有意思。它的村名曾同时有三个不同的叫法，村中姓杨的称其为杨林，姓施的称瑶林，姓李的称洋林。这个村子就是现在的晋江市龙湖镇瑶林自然村。瑶林村紧邻鲁东湾埠头（古名，现称衙口海，埠头发展成为现在的埔头村），背靠香花山，地域不大，常住人口300余人，分别是杨、施、李、张等姓，在晋南一带属于毫不起眼的"袖珍"村庄。

据瑶林杨氏族谱记载，瑶林杨氏世代耕读传家，传至十二世，人丁兴旺，杨廷赤传五子，分别是杨国墙、杨国攀、杨国忍、杨国昰、杨国礼，人称"五福堂"。据杨氏后人介绍，自清咸丰年间杨氏"五福堂"往福州从事贸易，杨国墙、杨国忍在沙县渔溪湾开设泉丰京果生意，继而又往延平（今南平）西芹开设晋丰纸栈，杨国忍常驻福州，杨国墙兼顾福州、沙县及家乡生意，杨国攀在永宁（今石狮永宁）港边经营杉行并主持"五福堂"家务。杨氏"五福堂"还在清咸丰五年（1855年）购置乌艚船，从事与台湾地区的船货贸易，家业为一方之冠。

近期在瑶林杨祖泽先生的帮助下，我有幸翻阅到瑶林杨氏族谱。族谱中的一个记载饶有趣味：

　　杨氏第十四世杨家善（字世志，名冠璋，号述斋，出生于清同治十二年十二月)，系国墙公五子，黄帝纪元四千六百零九年公任光复福建省炸弹队队长；杨家发（字世仁），系国昆公七子，出生于光绪十一年六月七日，黄帝纪元四千六百零九年公任光复福建商团第二队。

族谱中只是用只言片语提及先人参与辛亥革命的事情，是清末民初大变革、大动荡时代遗留的鸿爪雪泥。虽然仅有寥寥几字，我们依然可以通过它管窥这一段历史。

清末民初，要制作较为精良的炸弹，尚属军事核心技术，设备、技术、经验方面都有较高要求，多数革命党人装配的炸弹只是利用今天仍可见到的"摔炮"的原理制造的。这样的炸弹既不能保证投掷时一定爆炸，同时对使用者也十分危险，受到稍大的冲击或震动就会自爆。杨家善敢担任"光复福建省炸弹队队长"，证明他革命不畏死，在革命党中是个冲锋陷阵的骨干。

族谱"黄帝纪元四千六百零九年"的纪年方式也与众不同，既不是清朝皇帝年号，也不是中华民国的年号，更不是公元纪年。这种"黄帝纪元"纪年方式，是大家比较陌生的。

回溯到清朝后期，民智大开，反封建、反专制的思想潮流涌动，反君主、求共和的革命志士不断涌现。当时，革命进步人士反对封建君主制的一个重要方式，就是抵制使用封建君主年号。1911 年 10 月 10 日，武昌起义后，湖北军政府在其向全国通电的文告中采用了"黄帝纪元"的纪年法，即确定 1911 年为"黄帝纪元四千六百零九年"，并得到大多数省份的响应。当年 12 月 29 日，孙中山被十七省推举就任中华民国临时大总统时，通电各省，以"黄帝纪元"四千六百零九年十一月十三日（1912 年 1 月 1 日）为中华民国元年元旦，如果继续使用"黄帝纪元"就与民主共和之宗旨不相符了。因此，"黄帝纪元"使用至该年的十一月十二日（1911

年12月31日）止。

杨氏族谱采用"黄帝纪元四千六百零九年"的纪年，从侧面证实杨家善和杨家发两人的政治观点倾向于革命党。

杨氏族谱还提到了"商团"。中国古代社会原有团练，并无商团。商团乃是近代舶来之物，特指近代中国以商人为主体成立的一种准军事组织，肇始于1853年4月上海公共租界英人创建的万国商团，其诞生之时名曰"上海本埠义勇队"。关于商团的记录鲜见于历史文献中，但是不能忽略它的存在。"光复福建商团"证实了在辛亥革命期间，福建商人为维护自己的权益，学习上海经验，采取自保的军事措施。大变革、大动荡时代中，商人并不是局外人。

杨氏族谱没有记述杨家善和杨家发堂兄弟两人在辛亥革命之后的事迹，我们也很难追寻到他们在推翻清廷之后的作为。安海陈冬挺提供了1912年10月7日《申报》刊登的一则新闻《要闻二·闽省近日之恐慌》，其中提到"杨冠璋"：

> 市民会无理取闹。九月二十五日十时，因中央命令派岑西林（按：岑春煊，字西林，人称岑西林）带兵来闽镇抚，人多误会。教育司黄展云（按：字鲁贻，1906年留学日本早稻田大学，1908年进行革命活动。1911年任中国同盟会福建支部文书。武昌起义时，参与策划福建响应计划，参加于山战役，起草敦促旗兵投降书）发起市民大会，附和者旅闽议员陈金诏等，早已在市分散广告，内多载谤毁西林之语及刘崇佑、林长民、林万里（按：其为保守派）种种反对劣谋。至十时半开会，陈金诏登台宣布会之宗旨，次林学卫演说。公举代表到议会请愿，电中央阻岑兵来闽理由，市民闻之哗然而散。后有市民登台反对此举，谓岑带兵来闽镇抚并非来闽蹂躏，如何阻止？各界同胞请勿误会，此

系中央救我同胞于水火之中，是我三千万同胞之幸福云云。至上午□时，假市民大会名义派代表四人——杨冠璋、林达、孙铭温（一姓氏未详）带兵队三十余人，提刀负枪强逼议会开会通过阻岑电稿。事为议长所知，潜逃出城，仅由庶务员招待。对云议长并未在会，乃又威迫庶务员四处找寻，未见议长。该队兵闻知即在外喧哗，势将用武。后经警备队劝解，始悻悻然而去。至傍晚，都督（按：孙道仁）闻知即派陈家驹到议会安慰云。

民国肇始，保守派和同盟会为争夺话语权，时常论战。上文中"市民会无理取闹"，杨冠璋等"带兵队三十余人，提刀负枪强逼议会开会通过阻岑电稿"等，被登上了报刊要闻，冲上了风口浪尖。然《申报》新闻上的杨冠璋与瑶林"五福堂"的杨家善（即杨冠璋）是否同一人，在浩瀚历史尘烟之中很难进行比对证实，尚待学者进一步挖掘。

瑶林杨氏族谱的只片宣纸，浸润着一帘风雨，向人们诉说着那些远去的岁月。百年之后，我们借助它依然可以看到处在历史紧要关头的人们的生活经历，体会到他们的所见所思，在波澜壮阔的大事件中，触摸历史的脉搏。

神秘的 "东京"

近期笔者在翻阅瑶林杨氏族谱，偶然发现族谱上提到 "东京"：

第九世讳国昭，字孙正，系廷碧公之子，出继居笨港无底潭，生康熙三年……女二，厚治适林头乡王选观，亥治适东京蔡程观……

第十世讳家浦，号世普……妣氏蔡，讳凑娘，系东京乡，生雍正元年……

第十一世讳邦安，字文康……妣氏蔡，讳越娘，谥端守，系东京，生乾隆四十七年……卒道光二十八年。

瑶林杨氏族谱系清乾隆三十三年（1768 年）重修的版本，瑶林杨氏先祖自泉州南门外二十都官聘乡（现石狮后杆柄）移居瑶林（龙湖镇埔头瑶林村）传承至今，谱载杨氏族谱始修于明嘉靖年间，因遭遇兵燹和明清"迁界禁海"而散佚。此族谱记录有世系、婚配、生卒年月及相关地域信息，对于研究地方历史学、民俗学、人口学、社会学和经济学，具有独特的意义。

杨氏族人不断地适时进行"载谱"，延至今日。族谱中，"康熙三年"（1664 年）、"雍正元年"（1723 年）、"道光二十八年"（1848 年）这三处不同时间的"载谱"都提到了"东京"，之间的时间跨度近两百年，并告诉我们这个"东京乡"有蔡姓村民居住。不同年代记录的信息都提到所谓的"东京",这说明并非一时笔误,"东京"这个地方确实是存在的。况且,族谱中族人婚配信息一般都是据实记录的。结合这两点考虑,瑶林族谱中关于"东京乡"的记载,应该是可靠的。

不过,笔者查找乾隆版及道光版《晋江县志》后,却没有发现这个"东京乡"被列入都、乡之列。且笔者询问杨氏后人,他们也表示不知"东京"所指为何处,但是并不否认的是,这个"东京乡"是他们的一个母乡——神秘的母乡。

据晋江文史爱好者陈颖舸先生介绍,泉州南门外十七八都历史上曾有一个小村庄,名为"东宫乡",道光版《晋江县志》载:

> 十七八都统图三,在城南七十里,二都并一,明统图四。内衙口、沙冈、鲁东、埔头、竿柄、内坑、柯厝、林蒲内、蔡茂、秀茂、历山、东宫沟、蔡坑、埔仔、大仑上、大仑下、锡坑、古湖(即许湖)、西湖、下坑、东富后、龙园、陈店、许婆庄、刘厝、石厦、蔡厝、西溪、陈林、西吴、新埔、大仑埔、苏坑、炉灶、苏厝、洪溪、吴厝、山尾、洪坑、坪田、坑尾、火灰埔、祖秀茂、浯坑、东宫、瑶林、石龟、洋垵、山前、小埭、田头、桥头、古盈(即吴盈)、前港、埭头、后宅、枫林、西畲等五十八乡。

据石狮市政协文史资料委员会编撰出版的《石狮宗祠》中《钞坑蔡氏三公家庙》一文记载:"钞坑蔡氏三公派尊蔡崇孝为一世祖。蔡节臣开基祥窑、岐敦,蔡节相赘居石龟东宫,蔡节卿迁居石龟东库……蔡节相长子蔡景先后裔蔡进治迁居蚶江。"可见历史上"石龟东宫""石龟东库"皆有蔡姓居民。石龟村与瑶林村相邻,意味着"东宫乡"与瑶林乡也是鸡犬相闻,乡民之间互相通婚也属正常。

在闽南话中，"宫"文读kiong，白读king，"京"文读king，白读kiann，"京"的文读和"宫"的白读相同。据此，可以推测出"东京"就是"东宫"的别称或雅称。如此一来，也与瑶林杨氏族谱记载"东京"有蔡姓居民的信息相吻合。据石龟村人士介绍，当年的"东宫乡"曾系蔡姓聚族而居，不知道何时何故消失，该族后裔已不知所终，其所在地已被纳入石龟村的管辖范围。现石龟村留存有一座二层单开间小楼，是与当年的"东宫乡"有关的纪念性建筑，为民国时期石龟村一个叫"楼兜蠐"的人所建，小楼石柱年代也很久远。

我们推测出瑶林族谱上记载的"东京"所指是石龟"东宫"，但是族谱为何要回避使用"东宫"地名呢？这恐怕也是桩历史疑案。笔者经与多名文史爱好者讨论，初步得出以下两种可能：

猜想一：对民间来说，该地原来就叫"东京乡"，相当于现在的行政村。但清代是有"东京"的，即今辽阳市，清太祖努尔哈赤打下辽阳城以后，将其定为都城，新建的城区命名为"东京城"。清朝县志编纂人员可能为避讳起见，便根据"京""宫"的泉州方言相近而将"东京乡"写为"东宫乡"。而杨氏族谱仅供家族内部人员查阅，一般不对外展示，因而并不避讳，直接记载为"东京"。

猜想二：按照泉南风俗习惯，"宫"一般常见于供奉神仙、王爷之场所，与"宫前、庙后"（另有一说是"宫前、祠堂后"）离得太近的地方不宜开基建房子，因此可能基于忌讳"宫"字等原因，修谱人员不约而同地将"宫"写成"京"。

我们尚无法完整解密前人留下的"东京"二字背后的信息，真相埋没，现只是从政治避讳及民俗习惯角度出发进行猜想，事实真相究竟如何需要进一步的严密考证。

紧靠石龟村的"东京乡"地处环晋江深沪湾，不免让人想起"沉东京，浮福建"　"东京大路"等古老的传说。

　　千百年来，"沉东京，浮XX"在东南沿海尤其是闽粤沿海广泛流传，老百姓总是会将当地某片海域指认为曾经的"东京城"。不仅传说如此，历史上"东京"也曾有官方记载，如民国《东山县志》载："东京遗堞，在川陵山，其古迹已荡然无存，唯今大路口村有古碑，上书'往东京大路'五字，未剥落可读。"《漳州府志》载："川陵山在五都东海滨，半入海，俗传帝昺南渡，将都南澳，筑此为东京，地遂缺陷为海，今城堞尚存。自山巅下向海，莫穷其际。海中尚有木头、竹丛。潮退风静，都人驾舟取焉。"明代万历年间《闽书》载："川陵山，山滨海而半入于海。俗传宋幼主南渡，将都南澳，筑此为东京，地陷为海。今城堞尚存。海中尚有木头、竹丛，海滨人时往取焉。其峰青耸秀丽，号为苏尖，又号苍陵，又号东山。"

　　泉南民间传说中的"东京"位于晋江深沪湾一带，过去经常听说有渔民在这片海域打捞到屋顶瓦片等一类的东西。据老一辈说，几十年来各地陆续发现有刻写"东京大路"的石碑，路径指向海边。如此传说在民间世代相传，但在"东京在哪里""历史上是否存在'东京'"等关键问题上，至今都没有标准答案。

　　1986年，广东省地震局徐起浩领衔向当时的国家地震局申报了"闽中、闽南和粤东沿海全新世以来地壳长趋势形变调查及其与地震关系——以民间广泛传说的沉东京为例"研究课题，对"沉东京"传说进行了一次较为全面的考察，写成《关于"沉东京"传说的史学、社会学和地学的综合考辨》一文。文中写到，深沪湾海底有古森林遗迹，被很多人视作"东京"存在的重要证据。经考察证实涉及"沉东京"传说相关的海域，历史上有过地震活动，经由长期的地壳运动，部分地区确曾下沉。深沪湾海底存在的大片古森林遗迹，经科学鉴定为福建油杉属植物，同位素年龄测定为 7600 年左右，该现象"是由于早全新世的低海面和后来的地壳下沉综合作用造成的"。然而这一切均是在一个长期过程中完成的，事实上谁也无法在有生之年看到一座城市的"陆沉"，所有"陆沉"传说都是人们根据山上的贝壳或海里发现的陆地物品推测出来的。所以说，无论从历史记载来看，还是从当代科考来看，都可以判断不存在一个突然沉入海中的所谓"东京"，当然也就否定了因为地震而陆沉一座城镇的灾难史。地质的考察证实了不存在"陆沉"的"东京"。其意外的成果是官方确认了福建深沪湾海底古森林遗迹的存在，"'沉东京'考辨及福建深沪湾海底古森林——牡蛎礁遗迹的发现"等系列成果于 1993 年获得国家地震局科技进步三等奖。深沪湾海底古森林遗迹也于 1992 年被国务院批准确立为国家级自然保护区。

或许，因为当时的瑶林杨氏对"东京乡"的相关记载比较隐晦，同时"沉东京"的传说也没有足够的相关文字史料可以依靠，导致很多历史真相随之湮灭，目前的史料不足以完全解释"沉东京"或"东京乡"留下的谜题，从而让人们对其真实性也产生怀疑，因此，只能寄希望于未来能有所突破，但是它作为乡间闾里代代相传的故事，给我们留下了无尽的遐想。

参考资料：

① 施爱东：《沉东京传说：历史记忆的语源迷误》，《华中师范大学学报(人文社会科学版)》2023 年第 2 期。

"都蔡冤"中的李增霨与许声炎

"都蔡冤"是闽南地区历史上规模最大的械斗，发生在清光绪二十九至三十四年（1903—1908年），牵涉200多个村庄，大小械斗数百场，论族不论亲，有时翁婿舅甥分属不同阵营，互相对垒，有360人死于非命，伤残者不计其数，财产损失更难以计数。"政府官员、社会名流多方斡旋，冀能息事宁人，安知积怨已深，调解人虽竭力奔走，终属徒劳无功"，更换了5任晋江知县都无法解决这场械斗，最后闽浙总督限令泉州知府李增霨率队督办。

李增霨

李增霨，字襄国，原名李增芳，云南蒙化人，光绪二十一年（1895年）进士，来闽之前为户部主事，后调福建任知县，又升知府，先后署福

178

宁、泉州知府。

李增霨任泉州知府，如充当灭火队长一般。时漳泉一带械斗盛行，如东西佛械斗，惠安辋川械斗，惠安涂岭赤埔乡械斗，洛阳争码头停泊、客栈争客引起械斗等。械斗的过程因联乡结盟或联合同宗同姓，规模一次大过一次，有时延续十多年，此起彼伏。

要平息"都蔡冤"械斗，李增霨率队驻乡（据传驻在金井石圳）150天，双管齐下，一边邀公亲（许声炎、施钦舍、施彪舍、黄金柳、孙九梗、陈联沾）、乡耆（许志脚、洪克明、郭育炼、王腾宽、洪祖汉）共11名，组成公亲团和事佬，分头赴各乡调处。一边勒令拆除枪楼，收缴武器，追捕有关罪魁祸首，有30多人归案，并把都蔡双方各一名罪恶昭著的杀人犯依法斩首示众。

历来晋江的旅外华侨也有爱国爱乡传统，为平息械斗，他们拿出钱财，抚慰死难家属，修理房屋，恢复生产。如金井南埕旅菲华侨陈增斜，把本来要盖房子的3000两银子拿出来充作扶孤恤寡、救济苦难、解决纷争善后之用，有力地配合调停工作［宣统元年（1909年）泉州知府管元善亲自书题"急公好义"匾额相赠］。光绪三十四年（1908年）6月，李增霨特此勒石示禁，立碑于东石塔头刘氏祠堂口，曰：

> ……尔等须知械斗一事，怨毒最深。杀人之父者，人亦杀其父；杀人之兄者，人亦杀其兄；好勇斗狠，以危父母，一朝之忿，忘其身以及其亲，小不忍则乱大谋，可不戒哉！思之！思之！前车之覆，后车之鉴；往事不谏，来者可追。过此以往，务宜痛改前非，永为厉禁。勿因睚眦细故，旧怨复萌；勿因口角微嫌，前仇顿作；勿得弱肉强食，须知桑梓敬恭；勿得你诈我虞，须念朱陈婚姻。父戒其子，兄勉其弟，立去会盟之习，潜消强弱之形，相助相扶，兴仁兴让，化互乡为仁里，卖佩刀以买牛，是

龙湖采璞

则本府所厚望焉。倘敢仍蹈前愆，定当置之重典。恐天网恢恢，尔时必不能幸逃也。懔之戒之，毋违。特示。以惩前毖后，为来者做戒……

"都蔡冤"械斗经知府李增霨的努力，许声炎、施钦舍、施彪舍等公亲人物斡旋调解才得以停息。这一个不寻常的成就，使李增霨获得了社会各界的广泛认可和赞誉。

晚清泉州人黄启太在其《逸翰楼诗文集》卷四《洪李二公德政碑》一文中赞颂李增霨，道："始虽戴月披星，终获回风减火。由是小人革面，君子输忱。"时东石南天禅寺僧众也邀请李增霨题字"崧岳降神"，并镌刻在石壁，与南宋泉州太守王十朋的题字"泉南佛国"并列，表明他可与名臣王十朋相提并论，李增霨在泉州的声望达到顶峰。光绪三十四年（1908年）10月，"都蔡冤"械斗基本平息之后，李增霨调省差委

南天禅寺石刻（洪国泰/提供）

遗缺，管元善接任知府一职。

李增霨本可在晋江历史留下光辉厚重的一笔，但"晚节不保"。陈炎书《安海大事记》记载，1912年9月间，晋江县安海镇发生商人反抗税厘局增加厘金税率的斗争。9月1日，晋江县安海税厘局局长郭士琛违背税则，对由厦门入口货，欲征收两起两验税率，安海全市商户群起反对；各商户集齐开会，组织商务维持会，公推陈清机、倪世祯等负责交涉，此即安海有商会组织之始。

李增霨（民国伊始任闽海关泉州常税总局局长，即关长）袒护郭士琛，9月20日严令安海各商户按非法税则照纳，一面出朱谕解散商务维持会；一面强加陈清机等反抗之名，又诬以光复时曾焚毁衙署等罪状，欲行拘拿。9月21日，陈清机等与厦门方面接洽，组织安海商务分会，电控李增霨、郭士琛非法摧残商业、横施压迫等罪案。

1912年2月，袁世凯出任临时大总统，将福建都督府总参议长彭寿松

许声炎

排挤出福建后，派岑春煊出任福建镇抚使。12月1日，岑春煊电褫李增霨职。12月10日，安海各界在商会开会，公推黄叔荆为安海税厘局局长。

在化解"都蔡冤"中发挥重要作用的公亲许声炎牧师，亦得到多方面的肯定。据1966年出版的《许声炎牧师百年诞辰纪念刊》记载，许声炎"仆仆风尘，往返奔走，时且冒生命之险，深入枪林弹雨间，呼吁彼此捐弃私见，完成大我，共

同维护社会安宁"，因其平时公正无私，"双方族长深受许公恩感，果尔放下武器，握手言和"。嗣后，乡民有经诉讼而案件无法解决者，争相向其陈述，冀为排难解纷。此后晋江军政首长如到晋南处理纷争之前，常常登门请益。

许声炎（1866—1948），别号子玉，晋江安海前埔人，金井基督教会牧师。1891年创办金井教会义塾（即晋江毓英学校），1896年金井堂会按立牧师职，历任区会大会之会正、传道公会之主席、圣道学院之董事长。在"都蔡冤"械斗中为保护教民，与各乡约法三章，严守中立，不偏不倚，使得教民基本上未被械斗波及。

在化冤解仇四处奔波协调过程中，许声炎牧师感受到民智教化的重要性。他从平民教育入手，于1933年促成基督感恩会在英林设平民教育社，意图转移风气，振作文化，英林现代教育于此开启新的篇章。

"宧山世臭"考

2019 年 6 月，在锡坑村那些老房中游荡，偶然看到一古厝，询问村中耄耋，据称是建于 20 世纪 40 年代的侨房。其山墙上四个字"宧山世臭"，写得苍劲有力，没有看到题额署名，但像是泉州清末举人曾遒的笔墨。

但这简单四个字竟考倒了我，只认得中间"山"与"世"两字，"宧""臭"生僻得很。

一开始我以为是类似"虫二"风雅之意，锡坑属于吴姓村民聚居地，"宧山世臭"应该与吴姓先祖有关。晋江市龙湖镇吴姓有西吴、东吴（吴

"宧山世臭"山墙（洪国泰/摄）

龙湖采璞

183

龙湖某民居民国晋江县县长丁维禧题额"让德传芳"（洪国泰/摄）

西吴某民居题额"德让传芳"（洪国泰/摄）

厝)村，还有所谓"南吴八乡"，其中埭头村（岱阳）与吴厝村（洛溪）是许多吴姓村的"母乡"，大部分的吴姓家宅门楣上都刻"让德传芳"或"延陵衍派"。

如龙湖某民居题额"让德传芳"，是民国晋江县原县长丁维禧所题，西吴某民居题额"德让传芳"，一为"让德"，一为"德让"，虽都为纪念春秋季子的故事，但赞扬的角度并不同。

西吴这个题额，是民国慈善家菲侨吴金鼎故居的。在探访中听闻一则民间佚事，也算是历史上的一段佳话。民国初，西吴某乡绅为赴吴氏宗亲会聚会盛事，劳驾同宗乡谊清末状元吴鲁为之题匾，不知吴状元当时何等心思，竟题额"德让传芳"，西吴人也欣然携带前往，会上一展，一片哗然，但毕竟吴鲁是清末状元，手下之金字，常人不敢非议。此事已无法证实，姑且记之。

说回"皀山世臮"四字，后经朋友告知，终于弄懂"皀""臮"两字。《正字通·白部》："皀，即古香字。"《康熙字典》："臮，音杲，大白泽也。"朋友云：或古人以水色为白，大水（白）成泽。如此，求得正解，"皀山世臮"四字为：香山世泽。

泉南人家习惯在住宅门楣阐明其祖上渊源，如"瑶林衍派"（许）、"延陵衍派"（吴）、"敦煌衍派"（洪）、"浔海衍派"（施）、"钱江衍派"（施），这四大姓氏构成龙湖本土的基本族群，而锡坑是吴姓聚居地，这"香山"与吴氏有何关系？又是哪里的"香山"呢？

据龙湖龙园施海棠先生考证，南宋范成大《吴郡志·古迹一》："采香径，在香山之傍小溪也。吴王种香于香山，使美人泛舟于溪以采香。今自灵岩山望之，一水直如矢，故俗又名箭泾。"又其《香山》诗云："采香径里木兰舟，嚼蕊吹芳烂熳游。落日青山都好在，桑间荞麦满芳洲。"可见，"皀山世臮"是源自吴王香山种香的典故，香山为吴王种香处，以此来指代吴姓。

鲁东史迹传说之商榷

　　龙湖镇鲁东村历史人文荟萃，据传是南明内阁大学士陈洪谧的家乡，现村里有古宅一处（位于西片 37 号）、"陈先生"墓碑、"皇恩赐锡"墓、"皇明诰赠陈公"墓等历史遗存。不过最为出名的，是鲁东民间中广为流传的"十八士"传说，为此鲁东村近年特地雕刻文晖书堂门生斋舍"十八士"石雕群。传说明末清初有位名陈鹄的私塾先生在鲁东执教，收了 18 个学生，均考取功名，同窗同师同朝为官。皇帝知道后，赞叹道："孔子在鲁西，陈先生堪称在鲁东啊！"因而村名为"鲁东"。

　　据民间流传，陈鹄，本名文晖（1570—1653），字光夏，又字浩文，号耆斋。南明大学士陈洪谧之父，福建晋江人，理学鸿儒。明神宗万历庚子年（1600 年）领府学乡荐，后隐居卢塘社学（即鲁东文晖书堂）执教不仕。明穆宗隆庆庚午年（1570 年）二月十二日辰时生，清太祖顺治癸巳年（1653 年）八月二十日午时卒于杭州客栈，寿八十有四，钦赐祭葬于鲁东。其远祖五代后梁贞明年间状元陈逖，传十五世至先祖宋度宗咸淳庚午科解元陈与桂，由晋江卅二都渎头移居五店市陈厝，为青阳陈厝开族祖，复传十五世至陈鹄，乃寓居鲁东。

　　鲁东村名由来绕不开陈文晖的传说，史料记载："万历廿八年，陈文晖登庚子科解元周起元榜。"① "陈文晖，字光夏，万历庚子年举人，授青田令，爱民如子，擢户部主事，青田人塑像生祀之，后祀名宦。"② "陈文辉（按：应为'晖'，下同），晋江二十九都下吴屿头人，父祖开纸铺于安海，文辉早年游庠，万历庚子科登科，知县事，有名誉。"③笔者围绕鲁东村名来历、陈文晖与陈洪谧之关系、"十八士"传说等，结合现存史迹进行探索，试图论证民间传说之真伪。

一、鲁东村名来历

鲁东民间口口相传，鲁东之名为皇帝口谕赐名而来，可是查阅有关史料，如《闽中理学渊源考》（作者为李清馥，清大臣李光地之孙）、《泉州府志》及《晋江县志》，皆无相关记载。

有什么证据可以证实鲁东村名产生的年代吗？据深沪后山陈氏宗亲介绍，其先人原居住在鲁东村，后迁移到深沪后山村。现龙湖南浔田头村（毗邻鲁东）野外有一古墓，墓铭清晰可辨"鲁东 皇明诰赠陈公"几字，深沪后山一陈氏宗亲指认，此墓是其先祖，名讳不详。明清时期，五品以上官员的曾祖父母、祖父母、父母

"鲁东 皇明诰赠陈公"墓（施文品/提供）

及妻室之殁者，以皇帝的诰命例授封号。此墓可以证实，"鲁东"作为村名在明朝就使用了。

《青阳科甲肇基庄氏族谱》（明永乐年间修编，善本保存在晋江图书馆特藏部）记载：

> 存佑，字宗吉，谥号盘谷，第秋行二十三，扬祖公长子。生于大明永乐癸未年正月二十二日，天性清高，豁达尤为。卒于正统乙丑六月二十二日。享年四十有三……

> 存撰，字宗雅，第秋行二十五，扬祖公第二子。生莫考。卒于某年正月初四。只有一女，讳淑，适本邑鲁东余可辅。葬于本觉山之原，无传。

谱牒中有"本邑鲁东"几个字，可见鲁东这个村名在明永乐年间已经存在了。

清嘉庆年间，《西山杂志》（清抄本，蔡永兼著）一书多为收集晋江村名轶事典故，记载："东鲁一称鲁东也，宋开禧乙丑科进士施梦说未第时，梦至曲阜孔林，及至进士，晋升山东济南府尹，任中拜谒孔庙，果如梦所见。后任满归家，筑书院曰'鲁东'，即'海滨邹鲁'之意也。施梦说撰《鲁东诗集》，亦诗云'东鲁移来作鲁东，舞雩歌咏舞雩风。诗魂梦入孔夫庙，曲阜飞来伴晋桐'。"施梦说（字云卿，宋宁宗乙丑年进士，因避元不仕），系龙湖前港施姓先贤。

鲁东村名据民间传说产生于明末清初，但据现存史料，其产生时间应远早于此，明初甚至宋时便已在使用。

二、陈文晖与陈洪谧之关系

民间传说陈鹄系南明大学士陈洪谧之父。近期探访泉州陈洪谧后裔陈文章先生，得知陈氏家谱在"文革"中被毁，其先辈也未说明祖籍是龙湖

188

鲁东，遗留下的历史信息甚少，十分遗憾。现存民间谱牒，皆不能有效证实陈文晖与陈洪谧之父子关系。明末清初经学家、史学家黄宗羲说"氏族之谱……非报拾讹传，即故意作伪"，作为维系封建时代宗法关系的重要工具——谱牒，无疑是史料宝库中的珍贵财富，但"私谱之文出闾巷，家自为说，事非经典"。因此对于谱牒特别是其中有关世系的记载，我们不得不更加审慎、辨伪。

"陈洪谧，字龙甫，崇祯辛未进士，授南户主事，迁员外郎……授兵部侍郎，改礼部，与蒋德璟、黄景昉、黄道周同召文渊阁大学士，以母老乞归。年六十九卒。"④如果陈洪谧为陈文晖之子，当年为何不"以父老乞归"？在古代，出仕注重父承。陈文晖，原本为明户部主事，据传后在鲁东隐世，若如传说有"十八士"的学生，堪称一代名师。如果陈洪谧是陈文晖之子，也算官宦出身，系出名门，《闽中理学渊源考》中有介绍，"陈洪谧，字龙甫，晋江人，宋与桂之裔，崇祯四年进士……"没有介绍其父承。《晋江县志》中也未记录陈洪谧之父，因此其父可能为一介草民罢了。

"陈俞侯，字扬卿，为诸生，康熙间以父洪谧荫授济东道。作贤孝之歌以化俗，察强梗之恶以安民……以年老告休归，年七十六卒。"⑤陈文章称：清朝时陈俞侯荫授山东济东道，将宅第由鲁东迁至泉州城内，他所居住的巷子便被唤作"济东巷"，陈俞侯后裔被称为"济东陈氏"，尊陈俞侯为开基祖。济东陈氏在泉州西街原有一座祠堂，堂中有联曰："世代诗书承孝友愿人才有济，科名藩儒继状元胤文晖鲁东。"联中曰"胤文晖鲁东"，若以此认为陈文晖为陈洪谧之父，则不够妥当。

查阅《天一阁藏明代科举录选刊·登科录》"崇祯四年辛未科进士履历便览"中关于陈洪谧的条目，清晰可见"父阳春、祖照、曾祖果"的记载，陈文晖与其三代直属关系无关。此应为最有力之证据。

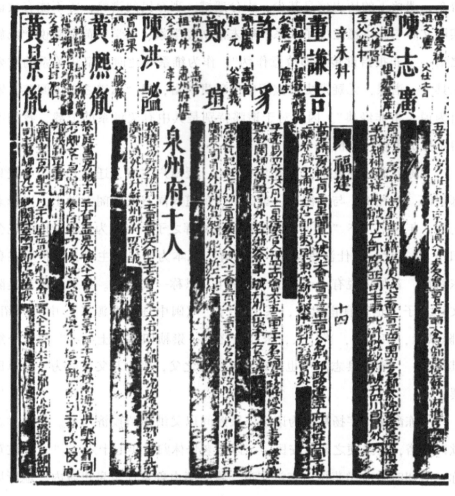

崇祯四年辛未科进士履历便览

三、"陈先生"墓碑

陈先生墓原葬在鲁东野外，已在多年前被毁。据鲁东小学原校长施保章先生回忆，该墓碑于 20 世纪七八十年代从鲁东村野外（俗称"鹅沟口"）寻得，现存放在鲁东西片 37 号古宅门口，其碑文从右到左，铭曰："中宪大夫泉州知府黄逊诚立　泉州府学耆士鲁东陈先生坟。"

"陈先生"墓碑现存处（施文品/提供）

　　根据碑文内容，无法判断该碑竖立的具体年代。泉州设府由明朝伊始，由碑文而知，这是明清时代的陈姓人物，生前为泉州府学，离世时也年逾六旬，可惜墓碑没有铭刻名讳。能让泉州知府为一府学立碑，可推断陈先生生前，本人或家族声誉不低，"鲁东"应指陈先生的籍贯或生前住址，即现在的鲁东村。

　　黄逊诚，何许人也？在《泉州府志》《晋江县志》中查无此人。

　　"黄逊诚"与"陈先生"，现存典籍均无法证实其存在，此两人信息需要史料的进一步挖掘。据民间传说，此墓碑铭刻的陈先生就是陈文晖。若如此，按世俗就高不就低的习惯，碑文刻文应该不是"泉州府学"，而是"户部主事"，因为陈文晖生前任过明朝的户部主事。

　　明末清初，晋江沿海一带战乱不止，"城头变幻大王旗"，特别是东石、安海，有"三日清，五日明"（就是3天清军占领，5天明郑军把守）

的说法，既然有人自称是中宪大夫、泉州知府，却在官方文献《泉州府志》（乾隆版）及《泉州市志》上无法查到，笔者猜想会不会是南明小朝廷麾下官宦？只能待后来人挖掘史料，进一步佐证。

四、"十八士"传说

鲁东有"十八士"传说，无独有偶，草庵也有类似的传说。传说明嘉靖年间硕儒洪天馨，晋江人，号薇峰，自署梭陵通衢道人，道德学问闻名于当世，在草庵授徒，其弟子称"十八贤人"，皆中进士。草庵挂一木刻对联，云"石壁光明相传为文佛现影，史乘记载于此有明贤读书"，系弘一法师所书，对联除记叙往昔岩壁常显佛影因而依形刻石的传说外，还阐明庵中曾有明代乡贤读书的故事。

"十八"在民间常常被赋予特殊意义，如佛教有十八罗汉，太极拳有十八式，人物有隋唐十八好汉，地狱有十八层。数字"十八"的象征意义大于实际意义。

真能有一个老师教出如此多优秀的学生？答案是有的。"郑贤，晋江人，成化丙午举人，以《易经》授徒，其年，同等乡榜者五十二人，皆其弟子。"⑥

多名学生同朝为官，在特殊的年代并非不可能。清顺治二年（1645年），南明弘光政权亡，郑鸿逵等迎唐王朱聿键入闽即位，改元隆武。隆武政权中黄道周、蒋德璟、黄景昉、陈洪谧、林欲楫、黄道俊、姜曰广、吴甡、高鸿图、陈奇瑜、黄士俊、杨廷麟等，同期大学士、阁臣30多人，多为福建人。郑芝龙被封为平国公，掌握军政大权。隆武小朝廷的财源、军队完全依赖于郑芝龙。郑芝龙，南安人，麾下多来自泉漳一带，隆武帝为笼络郑芝龙及福建官绅，对泉漳籍部下封官晋爵也在情理之中。何况"顺治三年丙戌年二月初二己卯，郑芝龙谋筹饷，又大鬻官爵部司百两，武礼数十两，厮养隶卒，皆得给札授官。南明隆武朝大卖官爵，凡廪生、附学，青衣等加贡，纳银一百至四百不等"[⑦]。

老乡、同窗在特殊年代同朝为官，也就不足为怪了。

五、"皇恩赐锡"墓之谜

"皇恩赐锡"墓（施文品/提供）

在鲁东村野外有一座古墓，多年来少见后人祭扫，墓碑铭刻"皇恩赐锡鲁东　考琦龙陈公妣慎勤吴氏"。

根据"陈先生"墓、"皇明诰赠陈公"及"皇恩赐锡"墓，可以推断鲁东陈氏在明清一段时间内出过较多人物。

传说鲁东村是南明内阁大学士陈洪谧的家乡，当年陈洪谧"以母老乞归"，南明隆武帝恩归，算是"赐锡"。陈琦龙是否为陈洪谧同宗族人，两人一同从南明隆武朝退隐鲁东，卒后陈氏后人不服清廷管辖，墓碑上不愿标"清"，又不敢写"明"，但又要彰显"皇恩"，所以墓碑上才只会写"皇恩赐锡"？

这也是一个谜。

六、鲁东西片 37 号古宅

鲁东西片 37 号古宅现存格局，是一座五间张、两榉头，外加一排

鲁东西片 37 号古宅一墙壁 （施文品/提供）

"护龙"的传统民居。一位文保中心专家称其建筑具有明朝建筑部分特征，比如屋脊下的山花板碎砖与整砖堆叠法和青阳庄际昌状元衙相似。

　　传说，西片 37 号古宅系明朝陈文晖当年收徒授课的私塾学馆遗址，但是《大明律》规定："庶民庐舍，不过三间五架，不许用斗拱，饰彩色。"从建筑规制来看明显逾制了。

　　房子的现产权是鲁东施氏村民所有。据鲁东村民介绍，该村陈姓村民已陆续外迁，50 年前就基本上没有陈姓住民了。目前还没有发现相关材料能证实该房子曾系陈文晖或其陈姓后人所有。

　　明末清初，朝廷下令迁海禁界，要求四省沿海居民内迁 30 里，沿海

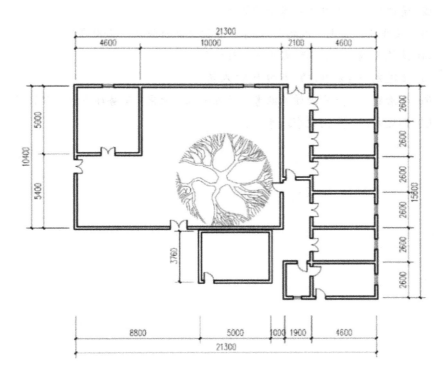

鲁东西片 37 号平面测绘图 （张凯平/测绘）

之房屋村庄及船只等皆焚毁，寸板不得入海，筑垣墙，立界石，修塞墩，设兵戍卫，在此大环境下，此学馆若为明朝建筑，为何能独善其身，幸存下来？所以据此推测，鲁东西片 37 号老宅子建设年代最多追溯到清初，而非明朝。

种种史迹表明，鲁东村是个不简单的古村，背后真实的故事如何，其是非曲直，需要拨开民间传说的迷雾，去伪存真，一步步探寻。还原真实的鲁东村人文，可以说是一些地方史爱好者不断追寻的目标。

参考资料：

① 清乾隆《晋江县志》卷八"选举"。

龙湖采璞

② 清乾隆《晋江县志》卷十"循绩"。

③《安平志》卷七"人物"，北京：中国文联出版社，2000年。

④ 清乾隆《晋江县志》卷十一"仕迹"。

⑤ 清道光《晋江县志》卷四十五"人物"。

⑥ 李清馥：《闽中理学渊源考》卷五十八，北京：商务印书馆，2018年。

⑦ 邵廷寀：《东南纪事》卷一。

龙湖中山街探幽

晋南地区一些上了年纪的人如果提到 20 世纪的龙湖中山街，就眉飞色舞，津津乐道。那时中山街有百货商店、华侨商店、铁木竹器厂、照相馆、邮局、卫生院、华侨戏院，还有汽车站等。每天早上周边的农民、侨眷络绎不绝前来赶集，人声鼎沸，熙熙攘攘，街上颇为热闹。到了夜晚，灯火辉煌，看戏的人从四面八方涌来，中山街简直是个不夜的闹市。

20 世纪二三十年代，诸多海外华侨回到唐山故土大兴土木，修桥造路，造福桑梓，龙湖中山街也是在这个时代潮流中应运而生的。1931 年古盈村旅菲乡侨吴起顺发动旅菲南吴八乡集资选择在泉围公路阳溪桥南兴建中山街，临路建成两层骑楼，双向 8 排 80 间店铺，钢筋混凝土结构，含菜市场 1 座；背面街头建顺记楼 1 座。

在中山街建设之前，龙湖已有多处集市经营得如火如荼。1927 年檀林旅菲乡侨许志兑、许经撇、许文淼在老家主持兴建了通安街，东西南北 4 条街道组成 "回"字形，街道宽 6 米，店铺 94 间，成了一方繁荣集市。

1927 年，衙口施姓乡侨合建衙口街，龙园村旅居新加坡华侨施性蟳营建 "九间口"，田头村乡侨建 "五间口"，另有一条横街（称 "暗街仔"）东向接施琅将军衙石埕市场，中段建成后向北延伸。1930 年前后，衙口乡绅施祖怀召集乡侨集资兴建四房街，仍临水道建成两层楼，双向 3 排 40 多间店面，钢筋混凝土框架，北面街头建隘门1座。

这些海外归乡的许姓、施姓、吴姓商业大贾和有识之士力倡营造集市，用筑巢引凤的方式来活跃地方经济，为家乡建设做出重大贡献，影响深远。

海外华侨具有敏锐、超前的眼光。"要想富先修路"，1923年古盈旅菲侨胞吴汇祝、西吴旅菲侨胞吴宾秋同金井镇乡侨李清泉、李汉昌、李文炳、吴达三等创办民办泉围汽车路公司，开辟围头到泉州的公路，该公路成为晋南交通要道，中山街正是凭借泉围公路便利的交通条件逐渐发展起来的。

说起来，泉围公路在龙湖这一带的开通也是一个值得一提的故事。泉州至围头的路线原计划途经衙口，后来衙口人提出顾虑，称：公路一通，那就方便部队来镇压（衙口）。当初衙口人的担心是有理由的，1920年8月以衙口为主的晋南乡团力克靖国军陈肇英驻石狮"浙江兵"军团，浙江兵几乎死伤殆尽。民团挑战地方军，鸡蛋碰石头，竟能以弱胜强，简直是奇迹。然而1926年驻泉军阀孔昭同部下汪连明和杜建率领大批军队开赴龙园围剿三点会，汪连明部在龙园村烧杀抢掠，龙园村差点被灭乡。民国期间，晋江这个地方，诸路军阀轮番上阵割据，而衙口乡团武装力量不可小觑，无形中成为众多军阀的眼中钉。

于是，泉围公路就选择了从小埕沟（现南浔小埕）与洪坑埔（现龙湖镇政府所在地）之间贯穿，离衙口约两公里距离，作为防止军阀进攻的缓冲带。

实际上，从小埕到围头方向，历史上周边就有一条官道，《八闽通志》载："山前铺，在十七八都。"清道光《晋江县志》载："十七八都，在城南七十里。"内有衙口、山前、小埕、田头等乡。今山前自然村隶属于龙湖镇南浔行政村，山前铺或在此。通向南面有福全铺（今金井镇福全村）、苏村铺（今金井镇山苏村一带）、西湖铺（今英林镇旧西湖村），泉围公路可能就是沿着原来的官道方向进行开拓的。

1965年8月31日的厦门《鹭风报》上发表《龙湖侨乡的新集镇——中山街》，文中写道："民间传说，几百年前这里是个荒僻的乡野，只有一间供过往行人歇足的小酒店，店名'中山'，因而人们称之为中山店，以后迁居此地的人渐渐多了，并且有了一条小街道，于是人们改称为中山街。"这则报道距离中山街建设仅仅过了30多年，由中山店发展成中山街的说法具有一定的可信度。

《鹭风报》报道（陈冬挺/提供）

话说中山街这个地方，宋属安仁乡弦歌里，元、明、清属十七、十八都，并不是一个适合农民居住耕作的地方。清道光《晋江县志》卷二十二"盐法志·盐课"载："浔美场总理场官一员，管南北二埕。南埕辖衙口、埭头、前港、后宅、埔头、鲁东六团乡……北埕辖岑兜、沙美、西岑、竿柄、林蒲、金埭、港边七团乡……"显然，中山街所处的地理位置就在浔美盐场南埕辖区团乡内。

从现在中山街周边村庄的取名推测，数百年前，阳溪两岸周边是以晒盐制盐为主的海埭盐场。如北有小埭沟（现在南浔小埭），东南有埭头村，甚至在锡坑村有一古庙取名"觉海庵"，应该离海不远，堪可"觉海"，西有南埭（在古盈村柔潮庵附近）。清道光《晋江县志》卷八记载："吴盈埭，在十五都至十九都弦歌里。本埭在十七都吴盈村。长三十丈，深八尺，上接十三都横山山南之水，下通浔溪场大海而出。今溪沙积压，为平埔矣。"可见中山街这一带本是盐场的一部分。

但居住在这里的人不全是盐户。现龙湖镇埭头灵溪殿边存有一块明崇祯二年（1629年）所立的石碑，名为"晋邑姚父母爱民仁德碑"，云：

姚父母按临，何后九十六丘八十余亩，祖系盐漏受税，又复后请产垦瘦，经爷蹄勘田丈实无漏。输将出耕凿之余，乐利享膏胰之厚。累数世而又荒，经一丈而即德，册造鱼鳞，丘分经界。戴天高，履地厚，食德无疆，事我父，养我母，帝力何有。甘棠系思，青石铭镂，□鲁未易比，杜召难为侔，立碑岁享，儿童歌讴。

崇祯贰年正月　日

十七八都沐恩县民吴日□等五十七家同立

这个石碑证实了"何后"这个地方"祖系盐漏受税"，后变成了耕田，有"九十六丘八十余亩"。

晋邑姚父母爱民仁德碑（姜玉荣/提供）

明初的户役制度将户籍分为若干类别，其中主要是民户，还有军户、匠户、灶户（煮盐户）等几十类，并严格禁止更换籍别，强化官府对社会阶层的控制。然而一个区区的80多亩的"何后"要开垦耕种，竟惊动堂堂县令亲自来"册造鱼鳞，丘分经界"，这在盐户中绝对是大事、要事。这些盐户的后代可以拥有耕地"输将出耕凿之余，乐利享膏腴之厚"，无形中打破了民户、灶户之间的籍别界限。

悠悠岁月，沧海一湾，历经数百年的潮来潮去，沧海变盐田。又数百年，原来的海市长出了楼房。昔日盐户劳役的盐场，到了如今已经很难找到当年的一丝痕迹。

庄朝北与朝北大厝

晋江五店市有一朝北大厝，坐南朝北，五开间两落带单面护厝"十七架"，占地面积870平方米，建于1935年。原是清末民初旅菲侨领庄朝北的住宅，现系五店市民俗馆，里面布设闽南传统的生产生活器具，呈现了一户五世同堂的闽南人家从20世纪30年代到80年代的生活风貌，是外来游客游览五店市的一个网红打卡点。

朝北大厝，不仅是因为其房屋坐南朝北，更因为其原主人庄朝北先生而取名。

庄朝北，字孙星，出生于清同治十一年（1872年），其父庄登其（清廷诰赠奉政大夫，谥朗山，邑庠生）系清朝之秀才。受父影响，朝北自幼攻读四书五经，冀望步续父亲前履，仕途有成，可

庄登其墓碑（庄自宝/提供）

惜弱冠之年赴童子试仍不售，左右权衡之下，舟渡菲律宾马尼拉投奔其兄庄朝东。

他初到菲岛，和其他初来乍到的华人一样，吃了很多苦，据说当过搬运苦力，打过杂工，后被人知擅长笔墨，头脑伶俐，被聘用为"理簿书"，加上自己省吃俭用，攒下一笔钱。18世纪末期，菲律宾开启大帆船贸易，成为大型的国际交易场所，周边国家的黄金、大米、器皿等在此进行贸易，"贸易圈"甚至覆盖马尔代夫以西至日本北部。1900年，菲律宾人均国内生产总值仅落后于日本，成为亚洲名副其实的经济中心之一。在此历史浪潮下，庄朝北敢为人先，"爱拼才会赢"，他先大胆创建晋源酒厂，用心经营，赚到第一桶金，尝到甜头后，再开办碾米厂，并以"晋益"为号，渐渐地将事业做大做强，成为一方富商。

宣统二年（1910年），正是风雨飘摇的时代，庄朝北的母亲在家乡去世，隔千山万水的庄朝北惊闻噩耗，归心似箭，从南洋一路千里奔回，刚到家乡村口，一想到"父母在，人生尚有来处；父母去，人生只剩归途"，悲从中来，以头抢地，伏地匍匐爬行，恸哭不已，旁人闻状不觉涕泪，"咸称之为孝子云"。"天下无不是底父母，世间最难得者兄弟。"其兄庄朝东早逝，膝

庄朝北夫妇（庄自宝/提供）

下遗二男一女，庄朝北恭谨侍奉寡嫂，恪守礼节，抚养兄长遗子，视如己出，教育子弟以恕为先，宽厚待人，对于众多叔伯也是礼节周到，"迄今乡党尤盛誉之"。

1919年，旅日华侨陈清机怀抱着"实业救国"的理想回国，发起创办闽南泉安民办汽车路股份有限公司，曾先后两次前往南洋招股募捐，其间获得庄朝北大力支持，并得到海外赤子的热烈响应和支持。1929年元旦，锦绣庄氏家族自治会（旅菲华侨锦绣庄同乡会前身）成立，庄朝北"为人敦义气，重然诺，而又温文和蔼"，被推选为第一任会长，因"无不识君而乐与结识者，侨胞间有受欺于土著者，君每为之维护"，公认为侨界之领袖。不仅如此，家乡青阳市立学校（现青阳街道中和中心小学），"君亦常输资以维持之"，对公益事业不遗余力，"故益得侨界之崇仰"。

20世纪二三十年代，国民革命军第十九路军进驻福建，正逢民国"黄金十年"，经济社会趋于稳定，海外华侨纷纷回乡，正如燕子欲回巢，落叶终归根，因着对故土那份特有的情愫。1935年，庄朝北汇款委托青阳五房头族老，为其在石鼓山建造一住宅，不惜重金请来能工巧匠，"用尽建筑之佳材，极尽雕琢之能事"，准备建造一座最美的大厝。

天有不测风云，1937年七七事变爆发，全面抗战由此开始，菲律宾华侨华人在事变后的第四天就成立了菲律宾华侨抗敌后援会，展开声势浩大的抗日运动。庄朝北做了一个决定，他让族人立即停止施工，将剩下的建房资金捐献给国民政府支持抗战，导致朝北大厝石埕未铺置，木作未上漆。现在五店市庄氏家庙里立有一方"慷慨输将"的匾额（原匾额已被毁，现匾额为20世纪80年代仿制），该匾额系1941年2月6日在战时陪都重庆的国民政府为表彰热心捐献抗战的青阳庄氏家族颁发的：

国民政府指令　渝文字第三五五号　三十年二月六日

三十年一月二十五日勇壹字第一四八五号呈一件，为据内政

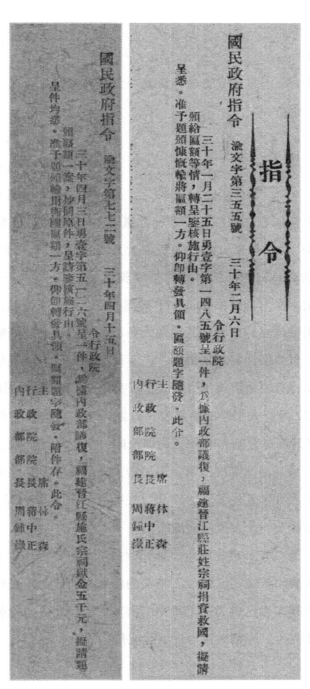

国民政府指令（陈冬挺/提供）

部义复，福建晋江县庄姓宗祠捐资救国，拟请颁给匾额等情，转呈鉴核施行由。

呈悉。准予题颁慷慨输将匾额一方。仰即转发具领。匾额题字随发。此令。

主席　林　森

行政院长　蒋中正

内政部部长　周钟岳

类似的匾额如晋江陈埭丁姓宗祠挂匾"捐资救国"，龙湖前港钱江家庙挂匾"输财卫国"。来自海外华侨的大力支持是抗日资金的重要来源，而菲律宾庄朝北是锦绣庄氏家族中捐资较多的一员，有一颗拳拳爱国之心。陈嘉庚先生在《南侨回忆录》中称赞："七七抗战事起，由首府岷埠侨领等提倡捐输成立筹赈会，其他散处各岛各屿者，亦热烈响应。若以个人比较，其数目为南洋各属华侨冠……菲律宾政府既未歧视华侨，募捐工作可自由行动，且殷裕侨领出为领导，以身作则，故成绩最佳。"

1941年12月，太平洋战事爆发，日寇大举入侵南洋群岛。次年2月8日，日军在吕宋岛登陆，菲律宾旋即沦陷，华侨备受摧残，作为侨界首领的庄朝北首当其冲，工厂倒闭，损失浩大。所幸家乡朝北大厝主体工程已经完成，家人可以入住了。1947年，庄朝北逝世，享年75岁。多年后，其侄子庄振河建造朝北大厝门前围墙。

2010年，晋江市开启梅岭组团拆迁改造工作，着力保留了五店市这个区域，开启五店市传统街区建设。精美的朝北大厝成为重点保护对象，现经过精心的修缮布设已成为一个重要的游览点。朝北大厝念朝北，人们借此缅怀庄朝北先生，先贤事迹得以继续流传。

庄朝北在朝北大厝（庄自宝/提供）

参考资料：

① 庄少俊：《庄朝北与朝北大厝》，《晋江史志》2020 年第 1 期。

② 菲律宾名人史略编辑社：《菲律宾华侨名人史略》，上海：大东书局，1931 年，第 87 页。

溜 江 漫 记

  2022年5月某日下午，一帮文人到金井镇溜江村采风，我有幸陪同。溜江，这个享誉泉南的侨乡，我之前来过几次，但是来去匆匆，了解甚少。这次难得有机会，能到村里零距离游览一番。

  溜江是个海边的小渔村，极富闽南特色。村里有很多体现地方特色的

溜江海岸线鸟瞰（溜江村委会/提供）

两三层石头小楼，还有数量不少的西式洋楼。整个村落既干净又安静，几乎没什么游客，漫步其间，神清气爽。在这繁杂喧嚣的世间，这里的本地人如同住在被遗落的世外桃源，延续着自在的宁静生活，别有一番韵味。

停车处有一个路亭，名为飞钱亭，这很快引起我的注意。一旁有一个毫不起眼的石碑，上面印刻"福全城南门水关"。据村干部证实，这个地方便是历史上福全所城的南门所在。

南门占地面积不大，明初江夏侯周德兴在这里建了一个城门，"周六百五十丈，基广一丈三尺，高二丈一尺"（《晋江县志》），下临十余米深的陡峭山坡，坡下有一条由西向东南迂回入海，近两公里长的阔溪蜿蜒流过。城门口是个狭小地盘，能同时容纳的人马不多。这是一种巧妙的设计，它利用天然地理优势，可有效防范入侵的外敌在此大批聚集，典型的

福全城南门水关石刻（洪国泰/摄）

易守难攻，是明代卫所城门设计的亮点。这个水关，就是当时穿城壁以通城内外水的闸门，所城外围利用天然屏障——阔溪作为护城河。根据明代卫所布局，通过水门将护城河引入城内，满足驻军生活生产、防洪排涝等需求。

一行人一路走来，恰好绕到了古城东门（现属溜江地域）所在地，旧城门遗址依稀可见，但其地势高耸，背山面水，俯瞰大海，前后据险，可以想象当年的雄伟气势。这也验证了明代卫城的区位特点："加之得大山之下，广川之上，高不近旱而水用足，下不近水而沟防省，因天时，就地利，土坚水流，险阻可恃。兼此形势，守则有余。"可谓"雄关漫道真如铁"。

这次的溜江之行增长了我的见识，我本以为民间所称的"所内"仅仅指现福全村。经过现场考察，才知道广义的"所内"应该是从福全村延伸到溜江村飞钱亭一带。福全卫所由于清初海禁与迁界而逐渐没落，旧貌已经不存，由一个海防要塞逐渐变为普通村落，其中缘由不禁让人唏嘘。

溜江是泉南著名侨乡，现有1200多人，可海外乡亲十倍余甚，在晋江家喻户晓的菲律宾华侨陈祖昌先生就是出生于兹。溜江村家家户户都是侨眷，一句"侨乡中的侨乡"一点也不为过。在这里，涌现出不计其数的海外华侨反哺家乡的事例，目之所及的现代基建公共设施皆是侨捐工程，令人感动。在众多工程中，最令我震撼的是那一条长长的防波堤。

沿海村落无不以海浪侵袭为害，溜江也不例外。"廿年来沙汕日削，海已迫乡……奔腾湍急，其势足以崩岸漂石。倘遇秋潮，则山洪与海水并至，可能顷刻之间，阛阓变成泽国，一向所蒙之损害，历数百年于今尤甚。"1997年，溜江村在沿海岸线滩涂上建筑一道长达620多米的现代防波堤，耗资330多万元，于1999年建成。恰逢在当年遇到14号强烈台风，刚建成的海堤如钢铁长城，经受住考验，将惊涛骇浪阻隔在外，如奇迹一般。而相距不远处的丙洲村，因海水倒灌淹入埭内的花蛤池及田地，养殖户和种植者损失严重。相比之下，溜江村安然无恙，让海内外的溜江人长舒了一口气。2005 年，乡侨陈永培先生又是在海上硬生生筑起了一条 120 米长的外堤，每当风暴袭来，整个溜澳湾像妈妈张开双手，拥抱来此避风的大大小小的渔船。

现在村中的一些村民喜欢在傍晚时分漫步在堤上，或看着远处穿梭的船只，或三三两两围着一起闲谈，或踩着绵绵海沙，捡泥螺捉小蟹。这样悠闲的生活环境，得益于前人不可磨灭的贡献。

村干部说，独资捐赠建筑海堤的陈康利先生，在 1997 年亚洲金融危机中不幸深陷经济危机，但为了完成对家乡人民的承诺，面对企业濒临倒闭的困境，决心毫不动摇，坚决卖掉厂房设备，筹集资金，建筑家乡海堤。他用异于常人的奉献精神赢得了家乡人民的尊敬，家乡人民在海堤边建造了一座石桥，取名"康利桥"，以纪念这位人在他乡却一心守护家乡安宁的游子。

溜江海堤建设完工后，带来了"蝴蝶效应"，随后泉州市政府酝酿了一个惠及全民的新世纪工程。2000 年 12 月，泉州市政府开始筹备建造泉州沿海大通道，2003 年全线启动，2009 年成功建成长达数百公里，集交通、经济建设、防洪防潮、旅游观光等功能于一体的沿海大通道，一页辉煌的篇章从此揭开。

龙湖采璞

读《重修移居福全仑上谱记》
探晋江往事

近日，读到一篇明崇祯元年（1628年）泉州府学庠生留应星所撰的《重修移居福全仑上谱记》（以下简称《谱记》）。笔者查阅相关资料，试着解读《谱记》背后的历史及晋江的往事。

谈起泉州留姓，就不得不说起他们的先祖，五代时期的"晋江王"留从效。留从效在泉州旧的衙城和子城的基础上扩建新城，将古代泉州城的高度、厚度和宽度放大了七倍，并且环城种满了刺桐树，使得泉州城赢得"刺桐城"雅称。宋代泉州成为对外贸易巨港，留从效实为开创者。

作为族谱惯例，免不了歌颂先祖之德行荫益。《谱记》载："有店婆梦青龙入室，遂事我祖殷渥隆厚，久之赐田一庄，今号其乡许婆庄。"《泉州府志》载："许婆庄在十四都横山下。留从效微时，负贩过此，时时午食于许媪家，及从效贵，赐媪第宅良田，故名其庄为许婆庄。"两者记载基本相符。留姓先祖与溜江和古婆庄两个村名的来历皆有关，在晋江村名史上留下浓重的一笔。

为何留姓迁居福全？据《谱记》记载：宋代留汝猷因见"十五都鳌头山，阅之掀髯抵掌，谓千里来龙到此结穴"，于是从泉州移居溜江，在此处"又设寮立澳，防渔民出没之处，频来往福全"。这是开发溜江最早的记录，留姓系溜江最早的住民，所以溜江又有"留澳"之称。

溜江虽以留姓肇基开发而出名，然现全村常住人口 2000 多人中，留姓村民只有区区百余口。这个情况要如何解释呢？

洪武二十年（1387 年），明太祖朱元璋为了防御倭寇入侵，委派江夏侯周德兴巡视东南沿海。周德兴根据泉州沿海地区海岸线曲折、地形险要的特点，"一郡者设所，连郡者设卫"。当年泉州设永宁卫，管辖五个所，即福全、中左、金门、高浦、崇武五所，时溜江被纳入福全卫所辖区之内。

《明史》的传记里，关于周德兴在福建的所作所为只有短短几行："居无何，帝谓德兴：'福建功未竟，卿虽老，尚勉为朕行。'德兴至闽，按籍金练，得民兵十万余人。相视要害，筑城一十六，置巡司四十有五，防海之策始备。逾三年，归第。"史书上虽用寥寥几笔记载这段历史，但背后无不浸透血雨腥风。其一是"按籍金练，得民兵十万余人"。据其他史料记载，其就福、兴、漳、泉四府民户三丁取一为沿海卫所戍兵。抓丁为兵，民众自然会对执行者产生怨恨。其二是"相视要害，筑城一十六，置巡司四十有五"。如此沉重浩大的工程，费用摊派在老百姓的各种徭役杂税里，比如《谱记》记载"要索我祖黄金百两，息女两妙"，在已经被元末的各种战争破坏而民不聊生的闽南诸地，自然会遭到激烈的抵抗。其三亦有周德兴此人性格骄横的因素在内，《明史》记周德兴"功既盛，且恃帝故人，营第宅逾制"，虽不能得全貌，也可略知一二。泉州民间传说里的周德兴，不论到哪里都是骑着高头大马，跟着一堆随从，说其目中无人，可见也不是完全没有依据的。

据《泉州府志》载："万历二十五年，添募水陆营兵，修缮泉州、永宁二卫及高浦、崇武、福全、中左、金门五所，军费以千万计。行军急需，县官不能按时供给，奔府告急，府藏空虚，日凛凛焉。"周德兴当时在泉州主持的卫所建筑工程比万历年间的修缮还要大几倍，可想当日民情汹汹之状。

　　江夏侯周德兴是巩固明王朝海防的功臣，但因扰民太甚，泉州有关他的传说中没有一句好话。泉州士民异口同声地咒骂他，利用闽南话谐音，故意将"江夏侯"叫成"江矢胡"（"矢胡"闽南话谐音为"夜壶"），隐喻他为万人唾弃之人。留姓将"孙子寝微，箕裘不振，住居第宅尽改旧观"归罪于周德兴，便在《谱记》中直接称他为周嗣兴，意为无"德"之人。

　　留姓为何迁居仑上呢？《谱记》并没有说明原因。查阅《晋江县志》记载："嘉靖季年，倭夷入寇，兵火疠疫之余，户口十损六七。隆万而后，虽抱关无警，户口渐复，而明季兵燹流离，国初海氛播迁，亦大半减耗焉……"据此我们可以推测：作为军事要塞的福全卫所首当其冲受到攻击，居住其地的留姓族人身不由己被卷入兵火之中。留姓先祖留泗见此时已在福全"再择我祖之仓室遗址而建居焉"，再迁居仑上逃避倭乱，也是不得已而为之（明建文辛巳年留姓一支脉先行移居仑上）。

　　泉南地区历来地势相对平缓，比较出名的山峰有"清紫葵罗"（即东北的清源山、西南的紫帽山、西北的葵山和南边的罗裳山），其他小山丘面貌变迁，现在已经难以核实其地。《谱记》记载："游至海滨十五都鳌头山，阅之掀髯抵掌，谓千里来龙到此结穴"，"盖祖氏泗见初迁仑山，错介山海"。福全卫所建在元龙山，溜江村紧挨福全村，也地属元龙山，仑山是龙湖仑上一带，原作为地名的仑山被仑上所替代，逐渐被人所淡忘，而鳌头山恐怕现在也没有几人能确指何处。

　　我们通过前人留下的文字描述，得以有机会管窥乡土历史旧貌。如仑上村"复有海潮环绕为围带"，证实当年两个湖泊（龙湖、虺湖）离大海并不远。但是"两湖交流而外"并不是天然而成的，据明嘉靖辛卯年解元、壬辰进士陈让《导龙湖碑记》记载：明嘉靖二十六年（1547年）"于赤小墩之西，凿道以接古沟，须导湖水。民荷锸成云，欢声动地，须臾水道通"，两湖得以交流而外。经历了近500年，沧海变桑田，仑上一带朝夕已不能听闻潮声了。

《谱记》一文800余字，我们从中了解到先人对祖德宗功的尊崇，对后人绳绳相继的冀望，与此同时也体会到百姓生存的不易，正所谓"兴，百姓苦；亡，百姓苦"。

附：

重修移居福全仑上谱记

盖自圣祖作皇陵记，以孝治天下而广推，锡类之仁也。降而公卿大夫以及士庶，莫不诵公。族谱系为传世宝箓，令始源有考据，世裔知及伦次。此虽尊祖敬宗之意，亦水木本源之思也。

予阅清源留氏，始祖钟公初居泉郡矣，其子姓为侯为王，出将入相，称五□□为第一。衍至汝猷公，登嘉定戊辰进士，仕台州县□□，归第，性耽山水，所至名山大川，无不遍览而采择胜地焉。游至海滨十五都鳌头山，阅之掀髯抵掌，谓千里来龙到此结穴，异日王侯袭爵承芳接武，堪□□矣。遂慨然去泉郡七十里而徙迁焉，建东楼西楼，壮形势不拔之基。又设寮立澳，防渔民出没之处，频来往福全。有店婆梦青龙入室，遂事我祖殷渥隆厚，久之赐田一庄，今号其乡许婆庄。天地精气，世泽遗风，相继联翩，轰轰豪贵至今犹昭昭，人睹记也。爰及圣祖，汗马投戈，永膺宝历，旨令闽地要害等处尽置卫所，中有廷臣周嗣兴，奉旨置福全所。视我祖宅舍雄丽，龙穴正宗，所过州县无此大局，要索我祖黄金百两，息女两妙。我祖奉其金而息女无有应。兴怒，托以建所大旨，令军士凿掘龙脉，冲头破脑，由是孙子寝微，箕裘不振，住居第宅尽改旧观。毋亦造化忌盈之意乎？

传至泗见公奄奄衰替，再择我祖之仓室遗址而建居焉，迨至今有五世矣。大都孝弟力田，用世其家，间有以文，无害典吏，□斗食之官者二三人，而问诗书魁隶之业致身□显者，犹寥寥也，此岂祖德之未懋，地力之不灵兴？

盖祖氏泗见初迁仑山，错介山海，浑庞尚朴，局于视听。后乃耳目渐启，师友规摩，人文日新。有□□黉宫，五世孙讳应星、讳攀龙。余俱业儒，济济□□。而后趾美扬休辉煌，甲第蝉联，满座置笏盈案。而公族谱系重，盖光昭喜又可知矣。且聚公族长少，揖而言曰：是居也，后则远脉逶迤而来，前则列峰端拱而揖。左则虺湖淳渚，其水浑浊出虺鱼，有笔架山、凤髻山巍峨而陟插；右则龙湖流波，其水静深藏神龙。外有关锁塔、天马峰壁立而昂。时又两湖交流而外，长流委蛇，复有海潮环绕为围带，取天地养荫之象，和水木相生之体，垣局至贵，形格佳胜，祖宗选择之意岂虚哉！而以人杰濬、地灵创者盛，而传述者美而彰。则我世世令子令孙，豪俊弟侄辈，阐绎而光大之。云尔。

崇祯元年正月望日六世孙泉州府学庠生留应星拜撰

（《谱记》系陈颖舸提供并点校）

附

录

粘厝埔——晋江唯一的满族自然村

　　龙湖镇粘厝埔村是一个小小的自然村，村民仅有500余人，长期以来与邻近的福林村组成一个行政村，归福林村村委会管理。但是粘厝埔村的村民与福林村为不同民族，而与散居在龙湖镇衙口村、深沪镇、金井镇等地的粘姓人家同属于满族，是晋江市仅有的满族村落。

　　据粘氏族谱记载，粘姓一世祖为金国元帅、金源郡王完颜宗翰，其又名粘没喝，汉语讹称粘罕。《金史》称宗翰"内能谋国，外能谋敌，有古名将之风"，是女真族(即后来之满族)的一名英雄。因宗翰系金国完颜氏宗室，为避免卷入皇族内部的权力斗争，后代遂改以"粘"为姓，尊粘罕为粘氏一世祖。

　　承先代余烈，粘氏自二世至五世，都在金朝任官。到六世粘合重山，自小为质于元，金亡后就在元朝任官，位至左丞相(副丞相)，《元史》记载："时耶律楚材为右丞相，凡建官立法，多出于楚材而公实佐成之。其行军尤以不杀见称。"卒后赠官太尉，封魏国公。粘合重山之子南合，任江淮安抚使，时大将察罕围寿春，七日才攻下，准备屠城，南合坚决反对，说："不投降的是守将，百姓有什么罪?"使千万百姓性命得以保全。南合后来升任中书平章政事(副丞相)，卒封魏国公。父子的传记俱见载于《元史》。

附
录

219

　　南合之子即粘氏第八世祖粘博温察儿，任河中府（辖境约当今山西省西南部龙门山以南，稷山、运城、芮城等县市以西以及陕西省大荔县东南部等地）知事，因元末四方大乱，遂带着一家流寓江南，从海路来到当时仍在元朝统治下的泉州，先是在晋江永宁杨丹村（现该村已废）居住，卒后葬于本山，附近村人称其墓曰"番人墓"。粘博温察儿带来三子：子寿、子禄（子禄在元朝任过评事郎）、子正，子正或谓外出（现在山东莱阳粘姓一支疑为子正的后裔），子寿、子禄则迁居浔美（今衙口村），建有大厦。像一颗从远方飘来的种子，粘氏就这样植根于泉南海边，开枝散叶，后裔分别散居于晋江深沪、山柄，泉州，南安梧坑，台湾地区鹿港、彰化等地，共以浔美为粘姓发祥之地，共建粘氏宗祠，闽南遂有了满族粘氏这一族姓。

　　明弘治年间，十三世祖粘灿（号涤楼）官居南京御史，他以清廉爱民闻名，按规定各道御史各有管辖之地，他却冒着被责越权的风险，为泉州沿海盐民上疏，要求减轻盐民的税赋并得到朝廷的批准。当时浔美场、丙洲场、浯洲场盐民"赖以全活者甚众"，为其建劝忠祠于浔美场蒋桥庵，清初迁界又建于府城曾井铺。明代名宦顾珀书碑赞其："有能上宣德意，下达幽隐，而清苦独耽如涤楼者乎？以一日而建数千百载之勋，一言而活亿千万人之命。"名宦庄一俊且赞其家族："涤楼公家族居亭东，坟墓居亭西，父老兄弟相仁爱，春秋祭祀以时……"自此粘姓成为泉郡的一个知名族姓。

　　九世祖子寿有二子：义奴、凤奴。族谱记载："凤奴，字有道，子寿公次子，昔为令史经历（县级属吏），积租一千在烧灰许坝桥，人呼为粘厝坑。"相传这片土地范围甚广，站在地段中间敲响铜锣，以听不到锣声处作为边界。大概当时凤奴公买下这片土地只是用于出租，每年可收取一千（担）租金，到后来子孙繁多时，就有从浔美搬到粘厝坑（即粘厝埔）亲自耕作的了，故族谱标注十四世尔九(凤奴曾孙，明弘治至嘉靖间人)"居浔美并埔仔"。在清代，又有散居在附近许婆庄、玉坂村的粘氏族人迁来聚居。如果以凤奴公购置粘厝埔这片产业的时间算起，已经有近600年的历史了；若以尔九作为最早肇居粘厝埔的人，则粘厝埔建村的历史也有500年了。

粘厝埔粘氏虽拥有200余亩山地，但该处土地相当瘠薄，水源缺乏，历来收成有限，村民终日勤苦耕作，也只能勉强果腹。为了生计，不少村民背井离乡，下南洋，过台湾，也有人因为度日艰难而卖儿卖女，村庄因而更加萧条。且在国民党统治年代，实行民族歧视政策，作为少数民族满族的粘姓一直生活在社会最底层，贫困落后。而"共产党疼穷人"，这里很早就成为共产党地下活动的据点村。1947—1948年，有蔡文化、吴子忠、许荣志、施编等党员在粘厝埔活动。1949年，在粘芳推家设立地下区部。本村粘传脑、粘芳尧、粘芳木、粘孝稿、粘天从、粘芳港等都是地下组织群众，为革命胜利做出积极贡献。中华人民共和国成立初期，粘厝埔这个有500年历史的村落只有50余户150余人，因为地处偏僻，交通不便，儿童上学的少，文盲、半文盲占90%以上，以至于村民要写信经常得跑上几里路到邻村福林请人代笔。

20世纪80年代，党的民族政策得以贯彻落实，晋江粘氏上呈的申报承认恢复民族成分的报告得到民政部门的批准。晋江县人民政府于1985年7月4日正式行文，批准确认恢复散居在晋江县龙湖、永宁、金井、深沪等地的粘氏满族成分，粘氏族民无不欢欣鼓舞。落实了农业生产责任制之后，村民逐渐摆脱单一农耕方式，实现多种经营，发展乡镇企业，经济收入日渐提高，政府在贷款方面还对民族村加以扶持，先后给予贷款购买耕牛、种植果木、修筑堤岸。1986年春，村民利用山地，种植果树5000余株，逐步改变了原先落后残破的村貌。1951年，创办小学，校舍设在村民家中。1986 年，成立粘厝埔民族小学。政府先后拨款 37000 余元用于修缮校舍和添置教学设备（该校办至 1998 年，1999 年学生分流到附近光夏小学就读），村中学龄儿童全部得以入学，大、中学生相应增加了。据统计，至 2009 年，本村的历届大专、本科学生达到 32 名，占村民总数 6% 以上，其中不乏工程师、高级教师、企业高管等，往日"文盲村"的梦魇已经一去不复返了。

在改革开放的浪潮中，秉承坚忍顽强、奋勇开拓的民族特性的粘厝埔人，投入经济市场，奋勇拼搏，各显神通，赢得百业俱兴，村貌焕然。原先村中只有十来栋低矮的砖石厝、土格厝，近年来全村房屋已达百座，新建的楼房就有 50 多座。原本村中只有泥泞小道，2000—2001 年，在晋江市政府、市委统战部、龙湖镇政府关怀下，拨资 50 万元，修建成七八公里的环村水泥路。2007 年，由市委统战部拨资 50 万元，本村鑫华股份有限公司董事长粘为江先生捐资 30 万元，在村中建立一座具有民族特色的三层楼民族文化中心，为村民提供良好的休闲、文化活动场所，并在其中展示闽南满族粘氏的历史源流以及分支台湾地区，两岸族人血浓于水的骨肉亲情。

粘厝埔村与晋江多数村庄一样，在清代有不少族人东渡台湾地区谋生，有一些族人在彰化、鹿港等地定居繁衍，建立了与祖家同名的粘厝村，也有的因劳瘁埋骨台地，一去杳无音信。家乡的族人不忘亲情，为逝者建立了祖伯叔宫，世代奉祀，香火不绝。而台湾地区粘厝村的族亲，也将当年渡台时带去的粘厝埔村朱、邢、李三王府香火建庙供奉。自从 20 世纪 80 年代海峡两岸通航以来，台湾地区粘氏族人多次组团到晋江祖家谒祖恳亲，同修祖墓，共建祠堂，参加祠堂祭祖活动，又不时组团到粘厝埔村朝拜三王府祖庙龙天堂。而粘厝埔及泉地粘姓族人也分别在 2009 年、2013 年各组团 40 余人到彰化粘厝村访问族亲。闽台两地的粘氏族人还一起组团到东北满族发源地阿城寻根谒祖；近年来，又多次到河北邢台、武邑，山东莱阳等地探访粘姓宗亲，来来往往，展现出一派"血浓于水，骨肉亲情"的民族情谊。

（粘良图/文）

附录

书 投 楼

　　当你还沉浸于春晖楼那展现中西合璧魅力的美境中，你已信步来到了一座风格迥异的传统红砖古厝——书投楼，高高翘起的燕尾脊，栩栩如生的砖石浮雕，镌花刻鸟的石窗，交融成一幅天然的闽南风情画卷。梳妆阁分列于左右两侧，让你仿佛窥视着正在梳妆打扮的民国少女的绰约风姿。

　　推开书投楼围墙门，映入眼帘的是散发着闽南独特气息的古大厝。站

书 投 楼

在书投楼前，可见燕尾脊与红砖墙相互映衬，筒瓦屋顶、燕尾脊、卷棚、五行山墙等不同形式的屋顶构成了丰富的线条，在蓝天的映衬下显得大气美观。正门两侧的红砖上刻着"行仁义事，存忠孝心"（出自《中华圣贤经》），诠释着主人的心境，及对后辈的谆谆教诲。大门勒有冠头联"三俊三多爱居爱处，源远源清允炽允昌"，这是以书投先生在菲律宾的三源化工公司为题而作的。塌寿两侧镶有石刻的题匾、人物、花卉和飞禽走兽等浮雕，雕刻内容丰富，意蕴深远；雕刻技艺娴熟，人物栩栩如生，给书投楼平添了浓浓的"古早味"。

　　跨进门槛，走进书投楼，古色古香扑面而来，梁木斗拱、门屏窗棂……目之所及，古厝的每一个显眼部位都有着木雕、石雕、砖雕等内容丰富的装饰，具有浓郁的闽南地方特色，令人赞叹不已。古厝为二进五开间，有天井、双榉头、单护厝、后轩、梳妆阁楼，阁楼互通，这样保存完好的古大厝较为少见。古厝里引人注目的还有门柱、石柱上的题刻、楹联，这些皆引自古诗词或散文。厅堂的楹联是"华屋常悬仁寿镜，高堂瑞发吉祥花""忠厚传家安且吉，心诚处世泰而昌""高怀同霁月，雅量洽春风"，强调修身养性，体现了建造者高尚的道德情操和精神风貌。这些题字出自书法名家李佰阳之手。厅堂两边的窗棂雕刻十分精致，窗花中嵌有篆体字"存诚神钦""主

大门冠头联

厅堂两旁的窗棂雕刻

敬身强""慎独心安""求仁人悦",出自曾国藩的家书,表明了古厝主人所追求的人生境界。天井柱的题字有"温恭为基孝友为德,礼乐是悦诗书是敦"(上联出自《三国志》,下联出自汉蔡邕《郭有道碑文》);"仁义为友道德为师,金石其心芝兰其室"(上联出自清朝史襄哉之名言,下联出自唐朝元希声之《赠皇甫侍御赴都八首》)。这些题字出自檀声小学前任校长许观澜之手,字体雄健洒脱,富有观赏性。

每一房间都采光良好,窥探一下房间,只见房顶有一阁楼,虽说是阁楼,其实是如一条走廊,把上房的阁楼连在一起。每个房间都留有采光井,光线是从采光井射进来的。这样的设计既解决了古厝房间采光弱的问题,又使得整座房间浑然一体,更具有隐蔽的作用。在那个强盗肆虐的动荡时代,把隐蔽功能结合于建筑中,确实有其必要性。

走到东走廊尽头,忽现一通往阁楼的梯楼,沿着梯楼向上,来到梳妆

226

阁，东西两边均为对称式的厢房，共三间，且联通。在通往前面阳台的门楣上，雕刻着精美的几何图案篆书汉字"居仁由义"。梁柱上雕有神兽，其眼珠似乎放射出一道银光，据主人称当时镶进了世上珍品——夜明珠。站在阁楼上，周围的美景尽收眼底。

窗楹雕刻"居仁由义"

书投楼保存的老物件很多，有富有闽南特色的古式眠床，有农耕时期的各种农具，更有民国年间的瓷器，真可谓"闽南民俗博物馆"。

书投楼内的装饰技艺吸收融合了闽越文化、中原文化、海洋文化以及沿海上丝绸之路传入的外来文化的技艺精华，是闽南历史文化的珍贵遗产。行走其间，触摸历史留下的痕迹，给人以美的视觉享受、心灵上的文化熏陶。

书投楼始建于 1946 年，1949 年竣工，历时三载。由龙湖镇檀林村旅菲华侨许书投、许书强昆仲建造。2018 年 4 月，厦门大学建筑与土木工程学院项目组成员应福林村委会委托，对书投楼进行考察，并按原貌进行修缮保护设计。2019 年 8 月开始动工修缮，2021 年 1 月经验收告竣。此次修缮还原了古厝的时代风貌，恢复了古厝的传统韵味。这座古厝，承载着家的无上荣耀和显赫的地位。这座古厝，浓缩了闽南人坚韧、开朗、沉稳、豁达的性格，彰显着不可替换的价值与意义。这座古厝，为我们敞开充满温暖而遥远记忆的大门，诠释着特殊的文化隐喻和历史内涵。

（许灿煌／图文）

檀林古街兴衰史

许经果

　　古街，饱受着沧桑岁月的摧残；古街，镌刻着曾经辉煌的印记；古街，凝固着亘古不变的乡愁。古街在漫长的岁月中，记录着家乡的史脉与传衍，诉说着历史的昌盛与衰落，诠释着深邃悠远的人文历史和灿烂文化。

　　我的家乡是檀林，就住在古街后。孩提时的记忆随着年龄的增长愈发显得清晰：拂晓时分，街上嘈杂与拥挤；黄昏时分，街上清幽与闲适。这些无不在脑海中浮现，就连粮店中罕见的一门手摇电话我还依稀记得。踩在那古街石砖路上，仿佛走进了古老悠长的时空隧道，

对家乡的情感也油然而生……

　　每当跨过檀安桥，漫步于檀林古街，都仿佛品读着一首意境深远的小诗，需要我们去感悟它的历史，挖掘它的文化内涵，咀嚼它的独特魅力。

　　早在19世纪初叶，檀林乡民就远渡重洋，异国谋生，成就不少商业

巨子，他们心怀祖国，心系桑梓。1927年8月，厦鼓名绅许经果倡议兴建檀林街，经过不遗余力地多方动员，村中不少海外华侨和富庶人家均表示愿意参与投资兴建。他立即请来厦门知名设计师及工匠进行筹划建设，历经两载，一座占地面积12000平方米的街市基本形成。这座街市由4条街道围成"回"字之状，取名曰"通安街""东路街""西路街""南路街"，街道宽6米，7列楼房共计94间店面。在东、西、南方向筑有3个大隘门，形成合围，这在当时强盗猖獗的年代则是坚强堡垒。檀林街给檀林村带来了空前的繁盛，檀林这个偏僻山村一时声名鹊起，成为晋南最重要的商品交易集散地。

檀林村原为许姓族人聚居地，由于檀林街繁盛，筑巢引凤，商贾云集，因而掀起了人们到这里做生意或迁居的高潮。至今居住于檀林村的外姓人家，基本上是那个时期在这里安家落户的。当时由于社会动荡，檀林村组建了持有合法枪械的檀林守望队。1929年4月，村中成立了利于营商环境的檀林国民风俗改良互助社及檀林街商家协会。

檀林街最富特色的要数通安街，这条街道名称取通往商贸重镇安海之义。当你走进通安街，映入眼帘的是西洋风格的骑楼式的两层洋房，钢筋水泥结构，颇具西方洋楼的气派与华丽。小洋房既有中国传统建筑的木雕和精美的戏文雕花，又有西洋建筑的圆拱门窗和铁艺装饰。整座洋房气派非凡，尽显其主人的不凡身份。骑楼底下的走廊，既可遮阳又可防雨，既是居室（或店面）的外廊，又是室内外的过渡空间。

其他楼房虽说是骑楼，却是红砖杉木结构，纯属闽南建筑风格。以红砖抱柱，杉木为层，且有悬山式的屋顶，配以精美的木雕、砖雕和花岗岩石雕。每幢建筑显得美观大方，煞是好看。

街道的建成，给檀林带来一派繁荣之景象。走进古街，你仿佛进入一个"古早味"浓郁的街市里，整条街每个店面都开铺营业，各种各样的店肆林立，商品琳琅满目、行业齐全，还有许多檀林人引以为傲的老字号门店：志锐中药店，志闩、书杞、杨位胡的干味店，规模甚大的恒昌榨油厂，能做成套家私、承建房屋建筑的兆司、德司木器厂，阿览的塘头甜粿店。乡侨许文姜从菲律宾回乡办了三民布店，设立邮政代办所，承接的业务遍及海内外，开设中西药店，聘请庄景云医师住诊；更有海归医师、医术高明、颇有名气的杜安人的西医馆，杜医师与弘一法师的事迹一直为乡人所传颂……甚至连喜事用的大红花轿、丧事用的棺材都有，更有闽南特色的许颠布袋戏班。

拂晓时分，老街便苏醒了。街道熙熙攘攘，人声鼎沸，声音不绝于耳。讨价还价的声音，小贩吆喝，鸡啼鹅鸣，起伏不断……这些声音汇成了一首奇妙欢快的交响曲。周边邻村的村民隔三岔五就要挑着箩筐来这里赶一次集。这里成了当时方圆数里的商品集散中心、贸易中心，一派生机

通安街街景

西路街街景

勃勃的景象。檀林街不仅给人带来方便，更带来经济的发展。

虽然檀林街因抗战爆发，侨汇中断，乡村交通闭塞，而逐渐走向萧条，不断式微，落得如今的破败不堪，但是红砖上的绿苔，屋脊上的小草，屋顶上的小树，无不记载着曾经兴盛的历史，记载着岁月流逝的痕迹，也记载着侨亲的历史功勋与拳拳之情。看到这些，我们不禁感叹：檀林老街，你何时才能焕发青春，体现价值，留住乡愁啊！

（许灿煌 /图文）

附

录

弘一大师晚年驻锡
晋江福林寺弘法因缘纪事

　　无论是因缘际会还是弘法事切，弘一大师驻锡弘法的频率随着年龄的增长也逐渐增多。弘一大师总是能够坚持弘法讲律的道心，秉承一代律师的威仪，荷担利益众生的事业。纵观弘一大师驻锡弘法的事迹，著述、讲法、写字、开示，凡是利于佛法传播、大众安乐的事情，弘一大师都会恒顺众生。弘一大师驻锡弘法的地方常被人津津乐道，凡此种种皆有故事文章为人所记述。

　　本文仅试举弘一大师晚年驻锡晋江福林寺一例，纵贯大师弘法因缘，聚焦福林一地。以弘一大师出家为始至弘一大师圆寂为终，全文共分为九个部分——随缘驻锡、结缘闽南、胜缘可溯、作缘福林、诗缘有情、法缘殊胜、助缘慧命、契缘利生、断缘晚晴。着重阐述弘一大师选择驻锡福林寺的因缘，弘一大师在福林寺题字楹联的解读，弘一大师在福林寺对于僧材的培养，以及弘一大师在福林寺的其他诸多细节。

一、随缘驻锡

　　弘一大师自 1918 年出家，尤其亲近印光大师，誓愿弘律以来，就一直过着随缘驻锡、随缘著述、随缘讲法的生活。在弘一大师二十四年的出家岁月里，始终尊崇服膺于印光大师，印光大师对于弘一大师出家后的行止也产生着无比深远的影响。

1920 年，弘一大师出家不久，在为《印光法师文钞》题词并序中称赞"老人之文，如日月历天，普烛群品"[①]。1941 年，弘一大师在福林寺念佛期讲《略述印光大师之盛德》中说印光大师"生平不求名誉……不贪蓄财物……一生不畜剃弟子……一生不任寺中住持监院等职"[②]。印光大师也曾自述："于二十一岁，出家为僧，以见僧有不如法者，发愿不住持寺庙，不收徒，不化缘，不与人结社会。五十余年，不改初志。"[③]

对于这番认知，弘一大师不单单是大为赞叹，更是践行如一。1933 年初，弘一大师在厦门妙释寺讲《四分律含注戒本》讲义期间曾说："余于初出家受戒之时，未能如法，准以律义，实未得戒，本不能弘扬比丘戒律。……决定弘律办法，不立名目，不收经费，不集多众，不固定地址等。……余业重福轻，断不敢再希望大规模之事业。[④]由此可见，弘一大师受印光大师的影响，早已有坚固道心发无上愿力，势必要用余生践行发扬印光大师之盛德、尊重严守佛法之戒律。

纵观弘一大师出家后的行脚轨迹，自 1918 年农历七月十三日正式剃度出家直至 1942 年农历九月初四日圆寂的二十四年间，驻锡之处超过六十余地。凡大师所至无不正法久住泽被一方，驻锡故地如粒粒明珠灿然至今。

二、结缘闽南

1929 年初，弘一大师的俗家朋友尤惜阴、谢国梁发心去暹罗弘法，大师知道以后"觉得很喜欢"，旋即决定一同前往。当船停靠在厦门时，大师旧友陈嘉庚胞弟陈敬贤介绍大师住在南普陀，并敦请大师留在闽南弘法，弘一大师欣然接受。正是这次南普陀之行，开启了弘一大师与闽南的十四年法缘。其中最重要的人物，莫过于时任南普陀监院的性愿法师。

性愿法师虽然比弘一大师小九岁，但是十二岁即出家，长成以后四处

附
录

游学，参访过虚云、来果、慧明、谛闲、月霞、圆瑛等当世高僧大德，在厦漳泉众多寺院均担任过住持等要职，对闽南寺院及佛法状况非常熟悉。可以说弘一大师一生四次入闽均与性愿法师有着直接或间接的关系。

1932年农历十一月三十日，弘一大师接受性愿法师邀请第三次来闽至厦门弘律。1933年农历正月初八日，弘一大师有感"奇梦"，"梦身为少年，偕儒师行。闻后有人朗诵华严偈句，审知其为《贤首品》文……见十数人席地聚坐……余即脱履，方欲参座，而梦醒矣"⑤（《梦后书〈华严经偈〉赠普润法师题记》）。后来，弘一法师告诉身边的侍者性常法师，"余于夜阑得是奇梦，系居闽弘律之预兆"⑥。

1933年正月初一日，弘一大师在厦门妙释寺致信蔡丏因："是间气候和暖，桃榴桂菊等一时并开，几不知其为何时序矣。"⑦又于当年农历七月在泉州开元寺推却蔡丏因的邀请："讲律未竟，不能返浙。又南闽冬暖夏凉，颇适老病之躯也。"⑧也是在1933年农历十月底，弘一大师偶然发现了韩偓墓，这个让大师"伏碑痛哭流泪，久久不起身"的唐学士，无疑让弘一大师更加坚定了自己与闽南因缘不浅的信念。

弘一大师出家前的密友夏丏尊在1938年农历十二月十三日《怀晚晴老人》一文里说大师"凡事随缘，要看'缘'的有无"，这一说法可谓"知己"。⑨闽南有熟悉本地佛教资源且见地相投的性愿法师，有不可思议的奇梦，有温和适宜的气候，有跨越千年的偶遇。因此，在弘一大师看来，在闽南弘法是非常契机契缘的。

三、胜缘可溯

弘一大师与福林寺的因缘，还是要从性愿法师说起。由于弘一大师身体不好且喜好清静，在选择暂住、闭关、过冬的地方时总是征求性愿法师的意见。1933年底，性愿法师采纳晋江草庵广空法师的邀请建议，推荐弘一大师去草庵过冬。

草庵地处泉州南门外华表山麓，其势倚山而建基于石台，背靠万石峰，隐于苍翠间，远离村落，环境幽静。民国初年，草庵已荒废百年有余，仅有一僧名瑞意法师自己耕住于此，1924年，广空法师的到来让草庵的香火逐渐兴旺。广空法师生于清光绪十三年（1887年），早年曾云游各地，颇有见识，擅长佛事，并且有一个俗家兄弟在南洋经商，在泉州南门外有一定影响。

弘一大师对草庵一地甚是满意，初到草庵就写信给性愿法师，对于介绍到此地过冬表示感恩："曩承介绍居住草庵，以胜缘未能成熟，屡欲往彼，辄为阻障。致本月初旬乃获如愿。移居以来，身心安宁，深感昔日介绍之慈恩也。"⑩从后来弘一大师四次选择在草庵度岁且前后住过五次，也可以看出大师是真的欢喜于草庵一地。

在草庵，弘一大师与一个年轻僧人传贯法师结下深厚的法缘，传贯法师也成为弘一大师晚年最重要的侍者之一。传贯法师，俗名龚育恩，泉州惠安东岭龙村人，光绪三十一年（1905年）生，1925年在晋江灵鹫寺剃度，拜广空法师为师。传贯法师的父亲也是1925年在灵鹫寺出家，法名广谦。传贯法师俗家外甥龚天发，后皈依弘一大师法名胜信，大师居福林寺、灵瑞山寺、温陵养老院期间，龚天发常随侍身边。在福林寺时，龚天发还曾代替弘一大师前去泉州大开元寺赴会，"道公寿庆，朽人未能趋礼。兹托龚天发代表，随喜盛会"⑪。

1935年，广谦法师受邀回老家惠安住持净峰寺，传贯法师随父一同前往。传贯法师折返泉州开元寺礼请弘一大师前去，没想到竟受到众人劝阻，性愿法师也不建议大师前去。"起先，在厦门。性愿法师为入净峰寺问卜。卜言：'三冬足，文艺成；到头处，亦成冰；急急回首，莫误前程。'然主意已定，不了此缘，无以为安。"⑫然而，弘一大师还是于1935

年农历四月十一日午后，在传贯法师和广洽法师的陪同下从泉州南门外码头出发，饱受"风逆浪大"到达净峰寺。可惜结果还是如性愿法师所占，弘一大师在净峰寺驻锡了六个多月便返回泉州，当年年底弘一大师在草庵身患重疾险些往生，于是有了"草庵钟"的故事。

四、作缘福林

弘一大师驻锡福林寺的时间据考是自 1941 年 5 月 15 日（辛巳四月二十日）弘一大师从南安灵应寺水云洞移居福林寺至 1942 年 1 月 18 日（辛巳十二月初二日）为处理上海善友刘传声居士所赠善款事宜暂住泉州百源寺，自 1942 年 2 月 7 日（辛巳十二月二十二日）返回福林寺至 1942 年 4 月 7 日（壬午二月二十二日）应旧时门生惠安县县长石有纪之请赴灵瑞山寺讲经，前后总计三百余天。弘一大师在福林寺期间写信至少有五十封。

说起弘一大师与福林寺的直接因缘，就要从弘一大师对传贯法师的重视讲起。传贯法师自从在 1933 年与弘一大师相识以后，就经常受到弘一大师的亲自教导。1935 年农历十月中旬，传贯法师随侍弘一大师在泉州承天寺讲《律学要略》；1935 年腊月，弘一大师在草庵重病期间嘱咐传贯法师遗嘱一纸；1936 年农历五月，弘一大师在厦门鼓浪屿为传贯法师过世的母亲许柳女居士写《药师经》一卷；1936 年除夕，弘一大师在南普陀为传贯法师讲裴休《劝发菩提心文》；1936 年传贯法师随侍弘一大师在厦门弘法，1937 年又随侍弘一大师北上青岛湛山寺讲律。

1939 年农历四月十六日，弘一大师经性愿法师推荐至永春普济寺著述闭关一年多，编撰《南山律在家备览》《华严疏科分》《盗戒释相概略问答》等重要著作。1939 年，传贯法师至永春普济寺探望弘一大师，并请劝妙莲法师住在福林寺。弘一大师于农历八月二十三日写信给妙莲法师："南门外，寺院林立，尤希望仁者与彼等僧众时时接近，随缘教化，则闽南他日僧英济济，法化昌明，悉出仁者之厚赐也。千乞仍住福林寺，不可他往。传贯师与朽人相交多年，忠厚诚实，堪称善友也。"⑬其中既表达了弘一大师对泉州南门外寺院的青睐，也直接认可了传贯法师的为人。

早在1938年底传贯法师就礼请弘一大师前往福林寺，但是当时弘一大师正在泉州承天寺讲法，于是致信传贯法师："往福林寺，尚需延缓。因缘尚未成熟也。"⑭终于，在1940年农历十月十三日，弘一大师由永春普济寺移居南安灵应寺，传贯法师闻讯便与性常法师、静渊法师、妙斋法师一道随侍左右。弘一大师在灵应寺驻锡半年后，于1941年农历四月二十日，接受传贯法师的再三礼请驻锡福林寺。

福林寺位于泉州南门外檀林村，距离泉州市区三十公里，距离草庵十五公里。弘一大师当时致信友人留下的通信地址是"泉州南门外石狮檀林街福林寺"。相传这里曾经檀树成林，于是称作"檀林"。福林寺建在檀林村东南方，坐东朝西，邻近溪水稻田。清同治年间，由当地华商返乡斥资重建。寺院分为前后两殿，另有护厝、花圃、方塘，寺旁还有为了方便香客来寺于1933年修建的孝端桥。

1941年农历闰六月二十三日胜王江山在拜谒弘一大师以后，撰写的《谒弘一大师追记》中记述："福林寺近檀林村，外殿三间，背建二层楼一座。弘一上人住楼上。……由传贯师导引登楼，维摩丈室，清净无尘。上人道貌清癯，身材瘦长，自言已六十二岁。室内陈设简洁，只一桌数凳。桌上置笔墨砚等物。壁间悬有上人手书'尊瞻斋'三字横额。"⑮

弘一大师晚年弘法，除了讲法以外常随顺大众留下不少墨宝。除此之外，弘一大师还喜欢给自己暂住的地方题一些名号、楹联，其中自然蕴藏着弘一大师弘法利生的个中心意。譬如在福林寺自题斋名"尊瞻斋"，其实早在1928年农历十二月，弘一大师初到闽南在南安雪峰寺时就曾自书"正衣冠，尊瞻视，寡言辞，慎行动"以为自省。

《论语·尧曰》："君子正其衣冠，尊其瞻视，俨然人望而畏之，斯不亦威而不猛乎？"

《朱子语类》："'正衣冠，尊瞻视'此等数语……身心肃然，表里如一矣。"

《印光大师文钞·复宗净居士书》："君子正其衣冠，尊其瞻视，俨然人望而畏之。如此则一切人皆生敬心。"⑯

《礼记·内则》："必求其宽裕慈惠、温良恭敬、慎而寡言者，使为子师。"

1933年《改过实验谈》中弘一大师所列十训为：1.虚心；2.慎独；3.宽厚；4.吃亏；5.寡言；6.不说人过；7.不文己过；8.不覆己过；9.闻谤不辩；10.不嗔。⑰

因此，"尊瞻"二字是弘一大师用来时刻提醒自己要保持出家以来的愿力，遵从印光大师的教诲，恪守在家之修养，出家之修行，弘律之律仪。

在福林寺南侧，弘一大师开辟了一处花圃，种了不少花木，并题名"清凉园"。提到"清凉"二字大家并不陌生，弘一大师曾经在很多地方都写过"究竟清凉""无上清凉"的字赠予信众。那么"清凉"究竟有何深意呢？

弘一大师在福林寺编撰的《晚晴集》首句即是："若失本心，即当忏悔，忏悔之法，是为清凉。"（《金刚三昧经》）可见"清凉"二字不是随便取的。遥想弘一大师驻锡福林寺期间，正值闽南雨季将要结束，夏日炎炎始至。某一日弘一大师来到雨过天晴的小花圃，感受雨后的阵阵清凉，他一定会想起当年在浙江慈溪白湖金仙寺写成的"清凉歌"五首之《清凉》：

　　　清凉月，月到天心，光明殊皎洁。今唱清凉歌，心地光明一笑呵。

清凉风，凉风解愠，暑气已无踪。今唱清凉歌，热恼消除万物和。

清凉水，清水一渠，涤荡诸污秽。今唱清凉歌，身心无垢乐如何。

还有，弘一大师最喜欢李商隐的"天意怜幽草，人间重晚晴"，明代俞弁著《逸老堂诗话》解读该句："世俗久雨，见晚晴辄喜，自古皆然。"这种"晚晴""清凉"的心境不正是《华严经·净行品》"盛暑炎毒，当愿众生，舍离众恼，一切皆尽。暑退凉初，当愿众生，证无上法，究竟清凉"的真实写照吗？

弘一大师给"清凉园"题写的楹联是："福德因缘一一殊胜，林园花木欣欣向荣。"上款署"龙集辛巳结夏安居莆林禅苑尊瞻堂"，下款署"释一音操句并书"。这是一对冠头联，首字连起来就是"福林"。

福林寓意有福报、福德之林。《大唐西域记》："三转法轮于大千，一音振辩于群有，八万门之区别，十二部之综要，是以声教之所沾被，驰骛福林；风轨之所鼓扇，载驱寿域。圣贤之业盛矣，天人之义备矣！"是在赞叹佛法传播所到之处都是有福报的地方，契合上联"福德因缘一一殊胜"。下联"林园花木欣欣向荣"，除了写实以外，还引用了陶渊明《归去来兮辞》中"木欣欣以向荣，泉涓涓而始流"的句子，既是在客观描写"清凉园"茂盛邻溪，也传达了弘一大师隐居闭关养静，感受清凉心物一元的奥义。

福林寺北侧是功德堂，是纪念历代祖师安养僧众的地方。弘一大师为这里题写"离垢地"。

"离垢地"是佛法名相。菩萨有五十二阶位：十信、十住、十行、十回向、十地、等觉、妙觉。《八识规矩颂》："如来现起他受用，十地菩萨所被机。"讲述菩萨经过十地渐次契入佛境。华严十地的第二位就是

"离垢地"，意为菩萨至此位圆具净戒，远离烦恼垢。在这一阶位的菩萨要修净戒，令戒行圆满，三业清净，远离犯戒尘垢。当修行进入第二大劫：从初地"欢喜地"到七地"远行地"，小乘教法就进入涅槃得阿罗汉果，大乘教法则进入第三大劫第八地"不动地"，得生法忍。而在净土法门的修行来讲，在这阶位已经可以往生见佛。

所以，"离垢地"既是客观表达此处是众生往生以后的离尘归净的地方，也在说明要勤修戒律，三业清净，远离戒尘，更重要的是阐释持戒修行、深信净土、证悟华严的深刻义理。

弘一大师给"功德堂"题写的楹联是："胜福无边岂唯人天福，檀林安立是谓功德林。"上款署"于时后三十年岁集鹑尾秋仲撰句并书"，下款署"晋水南山律苑沙门一音"。这是一对藏中藏尾联，其中"福林"二字出现两次。

上联"胜福无边岂唯人天福"要说明的是"离垢"以后不止会有欲界色界的人天福报，更会契入无上正等正觉的成佛境界。

"檀林"在这里是一语三关，既是指檀林村，也是代指佛经中的旃檀树林，净土经典《无量寿经》中描述西方极乐世界即有"其池岸上，有旃檀树，华叶垂布，香气普熏"。基于此，后世还将"檀林"用作对寺院的尊称。"檀林安立是谓功德林"是说建寺安僧、护佑佛法乃功德无量。

福林寺左右两侧，一为"欣欣向荣""无上清凉"的"清凉园"，一为"三业清净，远离戒尘"的"离垢地"。一为表征境界，一为提醒实修。一为生机勃勃，一为归于尘寂。位于二者之间的为福林寺，位于福林寺之中的弘一大师"犹如夕阳，殷红绚彩，随即西沉"（1938年农历九月三十日，漳州瑞竹岩致信丰子恺，夏丏尊引来作"晚晴"二字的注脚，见1938年农历十二月十三日《怀晚晴老人》）⑱，整幅画面恰恰就是对"晚晴"的概括。弘一大师又曾题华严联句"无上胜妙地，离垢清凉园"，离垢即得清凉，清凉遂能离垢，是二如一，无上胜妙，此乃"一真法界"，这番境界可与"如来境界无有边际，普贤身相犹如虚空"同参。

五、诗缘有情

弘一大师未出家前饱读诗书，对全唐诗自是信手拈来。韩偓是李商隐的外甥，李商隐毫不吝啬地称赞韩偓"雏凤清于老凤声"，弘一大师当然对于韩偓的故事熟稔于心。弘一大师对于韩偓的情有独钟，除了跨越时空偶遇的命中注定，还有对韩偓身处乱世的"孤忠奇节"的敬仰，以及同隐闽南的感同身受。

于是弘一大师提出要编纂《韩偓评传》，为《香奁集》辨伪，追述韩偓晚年的大乘佛教思想。弘一大师将这一任务委托给了他的俗家弟子高文显，经过弘一大师对资料的收集和指点，高文显从1935年底开始用了一年多的时间撰写完成了《韩偓评传》初稿，弘一大师亲自写序。可惜《韩偓评传》预备出版印刷之时，日军入侵上海，"八一三"事变爆发，书稿付之一炬。

弘一大师没有就此作罢，仍鼓励高文显重新写就，直到1941年弘一大师在福林期间，高文显欲邮寄《韩偓传》，农历七月初一日弘一大师嘱咐因战乱，已完成的《韩偓传》草稿暂缓邮寄。直到农历八月初二日，弘一大师赞叹、审改高文显撰写的《韩偓传》草稿以后特地叮嘱："与佛法之关系一章，乞暇时先起草撰述交下。余愿先为校订此章，因此章甚重要也。"⑲因为在弘一大师看来，《韩偓传》"虽曰表彰忠节，实亦阐扬佛法"。后据高文显《弘一大师逸闻》记载："我的原稿，他用蝇头细楷修改。1947年归省慈亲，到福林地取回，手泽犹新。"1941年农历十月初十日，弘一大师致信刘绵松，附上为高文显《韩偓评传》写的序文。

也就是弘一大师在福林寺惦念《韩偓传》期间，大师的老朋友黄福海

附
录

赶来与之相见，正在闭关的弘一大师破例邀请黄福海上楼攀谈。"由传贯师领我上楼，法师正凭着栏杆，左手捧着一本经书，面对东面一个水塘在远眺。"[20]过后几天弘一大师托人送给黄福海一幅中堂，上书两首诗：

> 炊烟缕缕鹭鸶栖，藕叶枯香折野泥。
>
> 有个高僧入图画，把经吟立水塘西。

> 江海扁舟客，云山一衲僧。
>
> 相逢两无语，若个是南能？

这是韩偓的两首诗《曲江秋日》和《与僧》。正如黄福海所说，这分明就是弘一大师对自己的写照。弘一大师的住处开窗即为水塘西，黄福海见弘一大师时映入眼帘的景象一如第一首诗的描绘。"江海扁舟客，云山一衲僧"显然指的是黄福海与弘一大师。二人见面谈话过后对坐静默，黄福海因按捺不住告辞离去，于是又有"相逢两无语，若个是南能"。第一首诗写的是二人相见前的情形，第二首诗是二人相见后的情形，可见弘一大师对于韩偓的诗可谓信手拈来，准确至极又神乎其神。

既然谈到诗情画意，自然少不了"清凉园"。1935年，弘一大师在传贯法师的护持下驻锡净峰寺，曾经也开辟过一处花园，并手植菊花。弘一大师对于菊花的喜爱，与菊花风霜高洁的气质有必然关系。无论是"采菊东篱下"，还是"独立疏篱趣未穷"，菊花的飘逸与傲骨一如弘一大师之精神。

1935年，弘一大师在离开净峰寺之前写下："十月将去净峰，留题云：乙亥四月，余居净峰，植菊盈畦，秋晚将归去。犹复含蕊未吐，口占一绝，聊以志别：我到为植种，我行花未开。岂无佳色在，留待后人来。"[21]从中可以读出弘一大师的洒脱。

1941年，五年以后的初冬，在福林寺，细心的传贯法师为弘一大师奉上了一株红色的菊花。弘一大师见到红色的菊花以后感慨万千，不禁写了一首《红菊花偈》："亭亭菊一支，高标矗晚节。云何色殷红？殉教应流血！"㉒这首诗饱含弘一大师的气节。

1941年农历十月二十五日，弘一大师在永春普济寺曾致信郑健魂："对付敌难，舍身殉教，朽人于四年前已有决心，曾与传贯师等言及。古诗云'莫嫌老圃秋容淡，犹有黄花晚节香'。吾人一生之中，晚节最为要紧，愿与仁等共勉之也。"㉓大概也是在净峰寺的时候，弘一大师就对传贯法师讲过殉教、菊花、晚节之种种。这次传贯法师在福林寺奉上红菊花，可谓是师徒二人的心照不宣。

1937年7月7日卢沟桥事变爆发时，弘一大师便在青岛湛山寺手书"殉教"横幅，表明视死如归的心迹。弘一大师回到厦门不久，日本军舰欲攻占厦门岛，弘一大师又自题居室名为"殉教堂"，再次以此明志，坚定护持佛法报国土恩的信念。

1941年腊月，弘一大师暂离福林寺在泉州百源寺期间，泉州大开元寺正举行结七念佛法会。这一年4月21日至9月3日日本攻陷福州，闽南岌岌可危，为了鼓舞大家的抗日士气，弘一大师手书"念佛不忘救国，救国必须念佛"，并题记："佛者，觉也。觉了真理，乃能誓舍身命，牺牲一切，勇猛精进，救护国家。是故救国必须念佛。"弘一大师将"觉"与"勇猛精进""救国"相关联，充分体现了大师爱国爱教的初衷，更以自性本觉的思想践行人间佛教的理念，着实是一次革命性的实践。

六、法缘殊胜

弘一大师出家十年后来到闽南，弘法事务日渐繁忙，礼请驻锡、请法问询、求字求见之事应接不暇。自弘一大师在草庵大病一场，尤其在五十八岁以后，圆寂前四年，其弘法兴致远超往年。仅1938年一年，弘一大师先后数次在与友人的信中阐述了自己在泉州弘法，法缘殊胜的情形。

1938年春，泉州承天寺致信夏丏尊居士："近到泉州讲经，法缘甚盛。"㉔

1938年农历三月十八日，泉州承天寺致信丰子恺："乃今岁正月至泉州后，法缘殊胜，昔所未有，几如江流奔腾不可歇止。朽人亦发愿为法舍身。虽所居之处，飞机日至数次，（大炮轰鸣，玻璃窗震动。）又与军队同住（军人住寺内），朽人亦安乐如恒，盖已成为习惯矣。幸在各地演讲，听者甚众，皆悉欢喜。"㉕

1938年农历八月初七日，漳州瑞竹岩致信丰子恺："朽人居闽南已十年，缁素诸善友等护法甚力。朽人年来老态日增，不久即往生极乐。故于今春在泉州及惠安尽力弘扬佛化，近在漳州亦尔。亦借是以报答诸善友之厚谊耳。"㉖

1938年农历十月十四日，安海水心亭致信李芳远："今年所以往闽南各地弘法者，因余居闽南十年，受当地人士种种优遇。今余年老力衰，不久即可谢世，故于今年往各地弘法，以报答闽南人士之护法厚恩耳。现在弘法已毕，即拟休养，故往草庵。明年将往惠安，闭门谢客，以终其天年耳。"㉗

1938年秋，泉州温陵养老院致信上海李圆净居士："今年在各地（泉、漳、厦、惠）讲经，法缘殊胜，昔所未有。"㉘

1938年农历十月二十八日，泉州承天寺致信永春王正邦居士："今年在各地弘法甚忙，法缘殊盛。（在安海演讲，听众近七百人。近返泉州，军官来谈者甚多。）"㉙

弘一大师的慈悲弘法之举在福林寺依然如故。初到福林寺即为学者讲《律钞宗要》，还在此编辑完成了《律钞宗要随讲别录》《晚晴集》《药师经析疑》。1941年秋日，为刘莲星写《随分自誓受菩萨戒文》并略析疑义，后付影印。

1942年初，弘一大师助力弟子传贯法师，与草庵住持广空法师、金相院住持转博法师等成立檀林乡福林寺念佛会。在印光大师圆寂一周年后弘一大师借念佛期的机会为福林缁素开示了《略述印光大师之盛德》，从"习劳、惜福、注重因果、专心念佛"四个方面极力推崇印光大师的高尚行止。

1941年农历九月二十日，正值弘一大师生日。时任泉州大开元寺监院广义法师及传净法师、定林法师、密因法师，从泉州城区步行二十余里亲送素斋等至福林寺供养弘一大师。其间，弘一大师听闻传净法师正在礼《法华经》，乃手书蕅益大师警训一则是为供养："专求己过，不责人非。步趣先圣之贤，不随时流上下。"㉚

1941年腊月，弘一大师暂离福林寺在泉州百源寺时，蒋文泽、杨严洁居士参谒，请弘一大师开示修持法门。弘一大师告以"修持当一门深入，久久专修，方有成就希望"，又说："阅佛书万不可如阅报纸，走马观灯，一过目便歇。须是细心玩索……以文会意，方得实益，至于打坐炼气，非佛法也。"㉛并推荐修持净土法门，参阅《印光大师文钞》《印光大师嘉言录》。

1941年冬，澳门佛教界出现关于大小乘经典当中轻视女性说法的争论，竺摩法师写信给弘一大师请求开示。弘一大师在福林寺引律文及钞疏致信竺摩法师："佛典中常有互相歧异之处，人每疑其佛意何以自相矛盾？宁知此乃各被一机，不须合会。无足疑也。"㉜

1941年，刘绵松欲为弘一大师编辑文集，弘一大师在福林寺致信广义法师："漳州刘绵松发起，欲编辑《□□法师文钞》。此事万万不可行。余已去信阻止。"㉝同年，弘一大师在福林寺又致信刘绵松："编辑文稿之事，由朽人自编。……名目，决定不用'文钞'之名。"㉞

附
录

七、助缘慧命

弘一大师在福林寺期间，非常关注对于僧材的培养。这与弘一大师出家前身为老师，出家后又多次在闽南佛学院、佛教养正院、月台佛学院等任教有直接关系。民国期间尤其是弘一大师这一代的高僧大德，非常重视对于年轻一代弘法栋梁的栽培。

1941年，弘一大师了解到时任泉州大开元寺监院41岁的觉圆法师发心去上海居士林遍检各种《大藏经》，以备抄写资料辑录《药师圣典》，大为赞叹，随即写信给上海友人陈海量委托协助，"护卫一切，以成就彼之弘愿"。

妙莲法师自弘一大师在湛山寺弘律以后一直追随左右。1941年，弘一大师介绍时年28岁的妙莲法师去永春普济寺闭关，并于当年农历五月写信给当时的普济寺监院妙慧法师，嘱咐照顾妙莲法师。1941年农历六月十七日弘一大师还曾致信性愿法师，希望他能回国主持寺院诸事务。

妙斋法师自南安灵应寺起随侍弘一大师身边，弘一大师到福林寺以后介绍妙斋法师来福林寺，深得弘一大师关照。妙斋法师与弘一大师一起居住在福林寺期间身患重病，弘一大师亲自照料饮食起居直至完全康复。妙斋法师痊愈以后，弘一大师为妙斋法师取法号"律华"，并做了三重解释：奉持律教、敬护律仪、行依律，教启华严。告诫妙斋法师持戒能生净土，持戒能悟华严。

一奉持律教，如华开敷，当来能结圣果。（今开华，后结果。）

二敬护律仪，戒香熏修。则净域莲华，渐以敷荣。（受持戒律功德，能生极乐净土；见《观经》。）《往生论》云："初发心，极乐宝池，已萌莲种。若精进不退，日益生长，华渐开敷；

其或懈怠，日见憔悴；若能自新，华复鲜丽；其或不然，芽焦种
败。"（自新，即改过自新。）

三行依律，教启华严。（如律行持之时，复依《华严经》，
发广大宏愿。）㉟

1941年夏，弘一大师致信妙斋（律华）法师，教授施食仪轨。1941
年冬，弘一大师以遗书的形式写给妙斋（律华）法师一封信，其中极尽赞
许之语"朽人与仁者多生有缘"，"朽人对仁者之善根道念，十分钦佩。
朽人抚心自问，实万分不及其一"，又称赞妙莲法师"行持精勤，悲愿深
切，为当代僧众中所罕见者"，希望妙斋（律华）法师能够亲近学习。
1942年，弘一大师又致信妙莲法师、传贯法师，言明介绍妙斋法师到福林
寺是为了跟随二位法师学习，希望能够尽力扶持，并寄希望说"当来可为
佛门栋梁，作闽南砥柱"。

弘一大师还专门为妙斋（律华）法师写过一篇《为律华法师书律偈并
记》，其中对于僧格的培养叮嘱可以说是情深意切：

律偈曰："名誉及利养，愚人所爱乐；能损害善法，如剑斩
人头！"明诵帚道昉禅师，晋江溜澳人。住开元寺，尝以是偈铭
诸座右。余初落发，亦书是偈，用自惕励。迩者，律华法师于是
偈言深为爱乐，复请书写。余嘉其志，赞喜无已。愿师自今以
后，熟诵灵峰所撰《诵帚师传》。尽此形寿，奉为师范。如诵帚
所行，一一追踪而实践之。甘淡泊，忍疲劳。精勤禅诵，唾弃名
利。以冰霜之操自励，以穹窿之量容人。亲近善友，痛除习气。
勇猛精进，誓不退堕。余所期望于师者至厚，所遵仰于师者至
高，故不觉其言之缕缕也。沙门一音。㊱

弘一大师和李芳远的因缘同样令人称奇。1936年，弘一大师在鼓浪屿
日光岩闭关，时年13岁的李芳远跟随他的父亲、时任鼓浪屿中山图书馆

馆长李汉青拜谒弘一大师，从此结缘。1938年初，15岁的李芳远批评弘一大师是"应酬和尚"，大师表示忏悔，此后便经常保持通信。1942年元旦，弘一大师在福林寺致信蒋维乔称赞19岁的李芳远"生于富贵之家，而不沉溺晏安。犹如莲华，不着水矣"，又嘱托蒋维乔"诏而教之"，认为他以后的才能不可限量。

1942年元宵，弘一大师暂离福林寺在泉州百源寺时致信李芳远，又有自省之语："此次朽人至泉城，虽不免名闻利养之嫌，但较三四年前则稍轻减。此次至泉，未演讲，未赴斋会。仅有请便饭者三处，往之。惟以见客、写字，至为繁忙耳。夫见客、写字，虽是弘扬佛法，但在朽人，则道德学问皆无所成就，殊觉惶惭不安。自今以后，拟退而修德，谢绝诸务。""以后，倘有他人询问朽人之近况者，乞以'闭门思过，念佛待死'八字答之，可耳。"㉚

八、契缘利生

1941年，弘一大师听说《护生画集》正、续编流通以后，"颇能适合俗机"，且丰子恺想续绘三、四、五、六编，弘一大师认为自己年老，于是打算尽早编辑完成。在福林寺期间，弘一大师三次与夏丏尊致信讨论《护生画集》的编印事宜，并因此致信性愿法师推辞了再赴永春的计划。直到1941年农历九月三十日，弘一大师致信夏丏尊，拟于农历十月中旬至十二月三十日，"掩室静修"，此事才算告一段落。

1941年农历闰六月二十三日，惠安胜王江山一行赶至福林寺，为其父向弘一大师求"孝廉传芳"四字。起初传贯法师谢绝会见、题字的请求，第二天弘一大师了解原委以后应允了他们的请求，当天下午二时许，弘一大师写就"孝廉传芳"，并接受再写一落款"悦萱居士千古"。弘一大师慈悲为怀，胜王江山感动不已。

1941 年底，弘一大师暂离福林寺在泉州大开元寺小住，为处理上海刘传声居士所寄善款事宜。刘传声听说闽南丛林缺粮，恐弘一大师不能顺利完成南山律丛书的写作，于是供养弘一大师千元。大师坚辞不受，之后将此款转予大开元寺以作道粮，又将以前夏丏尊赠送的高档眼镜送给泉州大开元寺，"挚友夏丏尊赠余美国真白金水晶眼镜，因太漂亮，余不戴，今亦送开元常住变卖为斋粮"。⑧

1941 年仲冬，弘一大师暂离福林寺在泉州百源寺时为永春淡生居士梁鸿基证受皈依，取名"胜闻"，梁鸿基协助料理琐事，自撰联句请师润色注释，弘一大师欣然接受。1941 年农历十二月二十二日，弘一大师从泉州城回到福林寺度岁，应陈海量居士之请，为撰其父《陈复初居士传》及《立钧童子生西事略》。

昔日，传贯法师护持弘一大师驻锡净峰寺，山下一小学校长庄连福是基督徒，想上山拜谒弘一大师，结果传贯法师以宗教信仰不同为由不愿意引荐。弘一大师知道以后责令传贯法师携四件书法作品和一部《华严经》前来赔罪。又过了几天庄连福再次上山听弘一大师讲法，被大师的行仪深深触动，此后不少基督徒都慕名前来听闻佛法。

无独有偶，弘一大师在驻锡福林寺期间又和一名当地信奉基督教的医生杜培材结缘。杜培材是"杜安人诊疗所"的医师，医术精湛，闻名遐迩，但是收取的医药费却非常高昂。一日杜培材专程前来拜访弘一大师，攀谈过后大师了解到因为战乱，药物价格确实不菲，于是将自己收藏的贵重西药十四种赠予杜培材，并希望他能够惠及平民百姓，为此弘一大师还特地手书一冠头联："安宁万邦，正需良药；人我一相，乃谓大慈。"大师想以佛法的慈悲观来开示他，越是在战乱之时越是要关注民生。杜培材经过这次与弘一大师的接触以后，对自己认为的理所应当表示忏悔，决定以后要以"济世为怀"，"关怀民瘼"。当他听说弘一大师将要离开福林寺时，又致信撰辞深表折服之情，并将弘一大师称作影响自己一生的最重要的人之一。杜培材所撰写的四字赞词刻匾后来被悬挂于福林寺内，以为纪念。

九、断缘晚晴

1942年农历二月下旬，弘一大师应旧时门生惠安县县长石有纪之请，赴灵瑞山寺讲经，由龚天发随侍。石有纪早在弘一大师暂离福林寺住在泉州百源寺时便请求至灵瑞山寺弘法，大师答以天暖再议，后致信云："过了二月二十日（阴历），天气放晴，即便动身。"书后又叮嘱：一君子之交，其淡如水；二不迎不送，不请斋；三过城时不停留，径直赴灵瑞山。

弘一大师在惠安灵瑞山寺讲法时，曾致信给身在福林寺的传贯法师："崑山紫岩，胜于乾山、科山等处多矣。朽人之意，亦可名为大华严寺。乞与诸善友商之。"说崑山紫岩一地胜于净峰寺、科山寺应当是弘一大师综合考量远离城乡、自然清净的结果，改名为大华严寺却又是一番开示。

1942年农历三月二十七日，弘一大师自惠安灵瑞山寺讲经圆满回福林寺途经泉州百源寺，此时却有传闻晋江沿海要起战事，在温陵养老院董事叶青眼的再三请求之下，弘一大师答应暂住温陵养老院，妙莲法师、觉圆法师、龚天发也一同前往。弘一大师在温陵养老院居住半个月以后，局势稍有缓和，再加上传贯法师的礼请，大师还是决定回到福林寺继续闭关著述。

谁料就在弘一大师预备重返福林寺之时，传来传贯法师的父亲广谦法师圆寂的消息。更让弘一大师惊愕的是，广空法师认为广谦法师曾犯有过错，于是仅将遗体草草焚化。弘一大师一直非常看重传贯法师，对广谦法师也是关怀备至，每每写信给传贯法师，弘一大师都会向广谦法师问安。这次有关广谦法师荼毗不如法的事件，对弘一大师产生极大的震动，不过分地说已经触及底线问题，直接导致了弘一大师与福林寺的缘分走向终点。

众所周知，弘一大师非常注重这人生的最后一着，除了多次留有遗嘱以示警诫以外，他还在多次遗嘱中非常仔细地写明往生以后的荼毗办法，而且越到后期越加详尽。弘一大师一生严谨持戒，不敢稍有差池，动辄闭门自省，可谓一代律师。他自认为早先出家之时"未能如法，准以律义，实未得戒"，于是更加重视往生一事，"我出发心在净土法门，近来对弘律渐渐淡矣。以往注重念佛为多，因年老了，须预备往生为要，不然临终茫然无前路。若得往生，便能乘愿再来，回入娑婆，力量更大，弘律甚是容易"，又说："我生西方以后，乘愿再来，一切度生的事业，都可以圆满成就。"因此，不如法的荼毗，对弘一大师的往生观念、乘愿再来、弘律事业影响巨大。从弘一大师后来写给泉州大开元寺的信中可以读出弘一大师对此事的庄严、真诚与恳切。

开元诸位法师同鉴：后学近欲往闽东，承诸法师、诸居士诚意挽留，至用感谢。又承开元诸位法师屡次劝命后学居住开元，后学拟于此时移居开元暂住。但有预为声明者二事，先以函陈，敬启垂察。

一、广谦老人近示寂于福林寺，广空法师等坚持己见，强迫速入铁龛，速急焚化等事，后学闻之甚为不安。后学将来命终之时及命终之后，若由旁人坚持己见，违背后学之遗嘱，唯依世情不遵佛法，致令后学一生之修持不得圆满之结果，最好一着完全破坏。

二、人谁无过，过而能改，善莫大焉，从上皆称，改过为贤，不以为过为美。故人之行事，多有过差，上智下愚，俱所不免。唯智者能改过迁善，而愚者多蔽过饰非。迁善，则其德日行

足称。君子饰过，则其恶弥著，斯谓小人。㊴

经过几番周折，弘一大师最后决定摒弃一切礼请，留在温陵养老院。1942年农历五月初一日，安居在温陵养老院的弘一大师听说龚天发将要离开，于是为他写下最后之训诫："与朽人同住一载，今将别离，嘱写警策之训。窃谓居士曾受不邪淫、不饮酒二戒，今后当尽力护持。若犯此戒，非余之弟子也。余将西归矣。书此以为最后之训。"

弘一大师在温陵养老院居住五个多月后，迎来了人生的最后一着。既然弘一大师与福林寺缘断的核心焦点就是关于广谦法师圆寂后的仪轨问题，那么，让我们一起看一下弘一大师圆寂前后对于这一仪轨的重视程度及其是如何安排的。

1942年农历八月廿九日下午五时，弘一大师对妙莲法师详细交代临终助念及焚化五项具体事宜："（一）在已停止说话及呼吸短促，或神志昏迷之时，即须预备助念应须之物。（二）当助念之时，须先附耳通知云'我来助念'，然后助念。如未吉祥卧者待改正吉祥卧后，再行助念。助念时，诵《普贤行愿品偈》，起经即诵'大方广佛华严经不思议解脱境界普贤行愿品赞'，乃至'所有十方世界中'等正文。末后再念'南无阿弥陀佛'十声（不挝木鱼，大声缓念），再唱回向偈'愿生西方净土中'，乃至'普利一切诸含识'。当在此诵经之际，若见余眼中流泪，此乃悲欣交集所感，非是他故，不可误会。（三）察窗门自有未关妥者，关妥锁起。（四）入龛时，如天气热者，待半日后，即装龛。凉则可待二三日装。不必穿好衣服，只穿旧短裤，以遮下根即已。龛用养老院的，要送承天寺焚化。（五）待七日后再封龛门，然后焚化。舍利分为两坛，一送承天寺普同塔，一送开元寺普同塔。另在未装龛以前，不须移动，仍随旧安卧床上。如已装入龛，即须移居承天寺。去时将常用之小碗四个带去，填龛四脚，盛满以水，以免蚂蚁嗅味走上，致焚化时，损害蚂蚁生命。应须谨慎！再则，既送化身窑后，汝须逐日将填龛脚小碗之水加满，为恐水干去，又引起蚂蚁嗅味走上来故。"⑩（释妙莲口述、僧睿笔记《弘一大师生西经过》）

1942年农历九月十一日晚，"在龛前焚香献花众师朗诵《行愿品》一卷毕。尘和尚举起火炬，说化龛偈云：一自呱呱及成人，何谁免此一炬薪？所幸吾师有本领，劫火洞时现真身。恭维：一公法座，既以宏法利生为己任，则如灵峰大师所谓'为天下者不顾家'。故一举一动，凡有利于众生者，莫不尽量牺牲；尤以舍身殉教为矢志。吁！师之德业道风，可与日月永耀于天地间矣。即此殊胜功勋，为师生西操券而有余。且道即今一炬之下，如何酬我？……且听偈来：三昧真火，烧此妄身；妄身既了，火亦不真……烧。……同时念佛的声浪逾紧张。至九点零五分，就烧的干干净净"⑪。（僧睿《弘一大师出龛及荼毗盛典》）

时间回到1942年10月10日（农历九月初一日）下午，弘一大师手书"悲欣交集"，自此绝笔。第二天上午，承天寺住持转尘法师偕传贯法师、寿山法师前来问安，弘一大师让妙莲法师转达："见我于我身心无益，不如为我诵《法华经》回向。"⑫1942年10月13日（农历九月初四日）晚，弘一大师圆寂前，妙莲法师与传贯法师进入晚晴室，按照大师遗嘱在大师吉祥卧后，依次念诵《普贤行愿品》、南无阿弥陀佛、《回向偈》。这也是传贯法师最后一次陪伴在弘一大师身边。

随着弘一大师的圆寂，弘一大师与传贯法师在娑婆世界的缘分画上了句号，弘一大师与福林寺的因缘也就此终结。然而，一切正如弘一大师1942年在温陵养老院致信传贯法师所说："世间之事，每于无意中而遇得

之。可见人力谋画，不足恃也。"㊸

参考文献：

① 弘一大师：《弘一大师全集》第七册，福州：福建人民出版社，2010 年，第 618 页。

② 弘一大师：《弘一大师全集》第七册，福州：福建人民出版社，2010 年，第 578 页。

③ 印光大师：《印光法师文钞全集》第二册，北京：团结出版社，2013 年，第 924 页。

④ 弘一大师：《弘一大师全集》第十册，福州：福建人民出版社，2010 年，第 202 页。

⑤ 弘一大师：《弘一大师全集》第七册，福州：福建人民出版社，2010 年，第 636 页。

⑥ 弘一大师：《弘一大师全集》第十册，福州：福建人民出版社，2010 年，第 202 页。

⑦ 陈飞鹏：《弘一法师书信全集》，北京：文物出版社，2017 年，第 297 页。

⑧ 陈飞鹏：《弘一法师书信全集》，北京：文物出版社，2017 年，第 311 页。

⑨ 弘一大师：《弘一大师全集》第十册，福州：福建人民出版社，2010 年，第 185 页。

⑩ 陈飞鹏：《弘一法师书信全集》，北京：文物出版社，2017 年，第 316 页。

⑪ 陈飞鹏：《弘一法师书信全集》，北京：文物出版社，2017 年，第 582 页。

⑫ 弘一大师撰，李芳远编选：《弘一大师文钞》，上海：北风书屋，1946 年，第 56 页。

⑬ 陈飞鹏：《弘一法师书信全集》，北京：文物出版社，2017 年，第 517 页。

⑭ 陈飞鹏：《弘一法师书信全集》，北京：文物出版社，2017 年，第 482 页。

⑮ 弘一大师：《弘一大师全集》第十册，福州：福建人民出版社，2010 年，第 150 页。

⑯ 印光大师：《印光法师文钞全集》第三册，北京：团结出版社，2013 年，第 1383 页。

⑰ 弘一大师：《弘一大师全集》第七册，福州：福建人民出版社，2010 年，第 556 页。

⑱ 弘一大师：《弘一大师全集》第十册，福州：福建人民出版社，2010年，第185页。

⑲ 陈飞鹏：《弘一法师书信全集》，北京：文物出版社，2017年，第573页。

⑳ 弘一大师：《弘一大师全集》第十册，福州：福建人民出版社，2010年，第241页。

㉑ 弘一大师：《弘一大师全集》第八册，福州：福建人民出版社，2010年，第37页。

㉒ 弘一大师：《弘一大师全集》第八册，福州：福建人民出版社，2010年，第37页。

㉓ 陈飞鹏：《弘一法师书信全集》，北京：文物出版社，2017年，第579页。

㉔ 陈飞鹏：《弘一法师书信全集》，北京：文物出版社，2017年，第440页。

㉕ 陈飞鹏：《弘一法师书信全集》，北京：文物出版社，2017年，第445页。

㉖ 陈飞鹏：《弘一法师书信全集》，北京：文物出版社，2017年，第462页。

㉗ 陈飞鹏：《弘一法师书信全集》，北京：文物出版社，2017年，第470页。

㉘ 陈飞鹏：《弘一法师书信全集》，北京：文物出版社，2017年，第472页。

㉙ 陈飞鹏：《弘一法师书信全集》，北京：文物出版社，2017年，第475页。

㉚ 弘一大师：《弘一大师全集》第十册，福州：福建人民出版社，2010年，第151页。

㉛ 弘一大师：《弘一大师全集》第十册，福州：福建人民出版社，2010年，第199页。

㉜ 陈飞鹏：《弘一法师书信全集》，北京：文物出版社，2017年，第589页。

㉝ 陈飞鹏：《弘一法师书信全集》，北京：文物出版社，2017年，第571页。

㉞ 方爱龙：《弘一法师致刘绵松札编年考订》，《杭州师范学院学报（社会科学版）》2004年第四期。

㉟ 弘一大师：《弘一大师全集》第八册，福州：福建人民出版社，2010年，第209页。

㊱ 弘一大师：《弘一大师全集》第七册，福州：福建人民出版社，2010年，第639页。

㊲ 陈飞鹏：《弘一法师书信全集》，北京：文物出版社，2017年，第593页。

㊳ 弘一大师：《弘一大师全集》第十册，福州：福建人民出版社，2010年，第198页。

附录

㊴ 陈飞鹏：《弘一法师书信全集》，北京：文物出版社，2017年，第585页。

㊵ 弘一大师：《弘一大师全集》第十册，福州：福建人民出版社，2010年，第200页。

㊶ 弘一大师：《弘一大师全集》第十册，福州：福建人民出版社，2010年，第201页。

㊷ 弘一大师：《弘一大师全集》第十册，福州：福建人民出版社，2010年，第200页。

㊸ 陈飞鹏：《弘一法师书信全集》，北京：文物出版社，2017年，第602页。

（李浊贤/文）

后　记

　　《福林记忆》付梓在即，笔者油然而生"本是后山人，偶做前堂客。醉舞经阁半卷书，坐井说天阔"之感叹。

　　自当年与福林古村不期而遇，到现在刚好有十年的时间。就这样，我关注福林古村十年，福林古村也伴随我十年。我也差不多用了十年光阴行走在间里乡间，进行人生方向的转轨。此书能结集出版，可算是工作与人生的阶段总结。

　　"我的乌托邦，我的古村梦"系列，时间跨度大，是在不同时间段的工作随笔，恰好凑成"筑梦福林"篇，再现了个人多年来致力福林古村保护的心路历程。"古村探幽""弘一因缘""史海钩沉""遗址撷拾""乡建絮语"等篇，是我在工作之余对福林古村文化进行挖掘、整理的个人成果，希望能为后来人了解福林古村、保护福林古村提供一点参考借鉴。"龙湖采璞"篇则是我对部分龙湖乡土历史进行探索的解读，希冀能与大家一起回忆这片养育我们的土地上曾经发生的人和事。

　　最后，深谢中共晋江市委党史和地方志研究室给予的大力支持，以及诸位师友的殷勤勉励，因为你们，拙作才有结集出版的可能。谨记于此，以表寸心。

洪国泰

2023 年春于梅岭

后记